MW00905077

TORONTO MEDIEVAL LATIN TEXTS

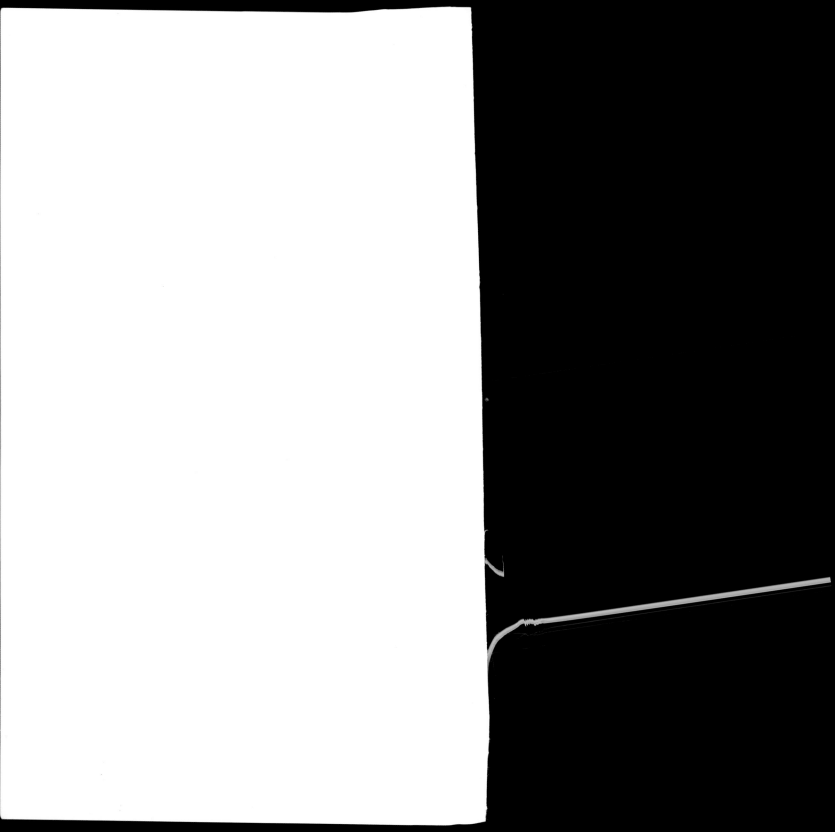

Bartholomaeus Anglicus On the Properties of Soul and Body

DE PROPRIETATIBUS RERUM LIBRI III ET IV

Edited from

BIBLIOTHEQUE NATIONALE MS. LATIN 16098

by

R. JAMES LONG

Published for the

CENTRE FOR MEDIEVAL STUDIES

by the

PONTIFICAL INSTITUTE OF MEDIAEVAL STUDIES

Toronto

Canadian Cataloguing in Publication Data

Bartholomaeus Anglicus, 13th cent.
On the properties of soul and body

(Toronto medieval Latin texts ; no. 9 ISSN 0082-5050)

Latin text with English introd.
Based on Bibliothèque nationale MS. lat. 16098,
corrected with Bibliothèque nationale MS. lat. 16099.
Bibliography: p.
ISBN 0-88844-458-3

1. Psychology – Early works to 1850. 2. Physiology –
Early works to 1800. I. Long, Raymond James, 1938-
II. Bibliothèque nationale (France) MSS. (Lat. 16098)
III. Pontifical Institute of Mediaeval Studies.
IV. Title. V. Series.

BF110.B37   150   C79-094798-6

Printed and bound in Canada
Reprinted by Hignell Printing Ltd, Winnipeg, Manitoba, 1995

PREFACE

The Toronto Medieval Latin Texts series is published for the Centre for Medieval Studies, University of Toronto, by the Pontifical Institute of Mediaeval Studies. The series is intended primarily to provide editions suitable for university courses and curricula, at a price within the range of most students' resources. Many Medieval Latin texts are available only in expensive scholarly editions, equipped with full textual apparatus but with little or no annotation for the student; even more are out of print, available only in libraries; many interesting texts still remain unedited.

Editions in this series are usually based on one MS only, with a minimum of textual apparatus; emendations are normally made only where the text fails to make sense, not in order to restore the author's original version. Editors are required to select their MS with great care, choosing one that reflects a textual tradition as little removed from the original as possible, or one that is important for some other reason (such as a local variant of a text, or a widely influential version). Manuscript orthography and syntax are carefully preserved.

The Editorial Board is not merely supervisory: it is responsible for reviewing all proposals, for examining all specimens of editors' work, and for the final reading of all editions submitted for publication; it decides on all matters of editorial policy. Volumes are printed by photo-offset lithography, from camera-ready copy typed on an IBM Composer.

The General Editor would like to express his thanks to all those who generously gave advice and assistance in the planning of the series, especially Professor John Leyerle, Director of the Centre for Medieval Studies from 1966 to 1976. This series, like the Centre itself, owes its existence to John Leyerle's dedication and unfailing support: our debt can only be acknowledged, never repaid.

A.G.R.

ACKNOWLEDGMENTS

The editor acknowledges his debt of gratitude to the many who made this book possible: to the editors of the series, especially A. G. Rigg and L. E. Boyle, O.P., for suggesting and fostering the project; to the Trustees of the Bibliothèque Nationale for supplying microfilms and permitting the publication of portions of two of their manuscripts; to Dr. Richard Hunt, formerly of the Bodleian Library, Mr. R. E. Latham and Mrs. A. Powell of the *Medieval Latin Word-List* staff, Ms. Alice Weaver of the New York Academy of Medicine, and Ms. Joan Overfield of the Fairfield University Library for their help and encouragement; to Dr. Ann Hutchison of Toronto for lending her dissertation notes; to the Trevisa editors Michael Seymour, Malcolm Andrew, David Greetham, Ralph Hanna, Bernard Harder, and Traugott Lawler for their unfailing cooperation; to Dr. James Reilly of the Pontifical Institute of Mediaeval Studies for his invaluable advice; to Ms. Anna Burko for shepherding the manuscript through the press; to the National Endowment for the Humanities and the Fairfield University Research Committee for funding the preparation of the manuscript; and finally to his wife Wendy, in particular for proofreading a text whose language she only inchoately understood, and in general for tolerating a frequently distracted and absent-minded mate.

R.J.L.

CONTENTS

INTRODUCTION

Perhaps no other literary genre better represents the collecting,
ordering, and assimilating process that characterized the intel-
lectual activity of the High Middle Ages than the encyclopedia.
The late twelfth and early thirteenth centuries provided the
Latin West with an embarrassment of riches. Christian intellec-
tuals were being confronted for the first time not only with the
complete corpus of Aristotle's natural philosophy but also with
the collective Greek and Arabic wisdom on such diverse subjects as astronomy, geometry, optics, natural history, and medicine. Unable to master every science, the student of theology —
as students ever since have done — turned to the encyclopedia,
the 'circle of instruction,' for help.[1]

Of the encyclopedias available to the medieval student none
was as popular in its own time or as influential on later ages as
the *De proprietatibus rerum* of Bartholomaeus Anglicus. More
than one hundred manuscripts survive,[2] attesting to its wide-
spread use in the Middle Ages. It was one of the books which
the Paris stationers lent to university students from as early as
1286,[3] and at the beginning of the next century there was a
chained copy in the Sorbonne chapel.[4] The eighteen printed

1   As Bartholomaeus expresses it in the Epilogue to his encyclopedia:
    ' ... the simple and the young, who on account of the infinite number
    of books cannot look into the properties of each single thing about
    which Scripture deals, can readily find their meaning herein — at
    least superficially,' *DPR* (Frankfurt 1601) p. 1261.
2   F. Stegmüller, *Repertorium biblicum medii aevi* (Barcelona 1955) II,
    #1564 [who lists 61 copies]; D.W. Singer, *Catalogue of Latin and
    Vernacular Alchemical MSS in Great Britain and Ireland* (Brussels
    1928) I, 697. M.C. Seymour, general editor of John Trevisa's transla-
    tion of the *DPR* (see Bibliography below), has identified 117 copies.
3   L. Thorndike, *University Records and Life in the Middle Ages* (New
    York 1944) p. 113.
4   M.C. Seymour, 'Some Medieval French Readers of *De proprietatibus
    rerum*,' *Scriptorium* 28 (1974) 101. That MS is currently catalogued
    as Bibliothèque Nationale lat. 16099 and is used in the preparation
    of this edition (see below).

editions of the Latin text,[5] moreover, and its translation into six vernaculars (French, English, Provençal, Dutch, Spanish, and Italian)[6] bear witness to its uninterrupted popularity into the seventeenth century. Dante and Shakespeare are said to have turned its pages and made use of the information contained therein.[7]

In spite of the immense popularity of the work, however, very little is known with certainty about the author. The earliest reference to Bartholomaeus is found in a chronicle for the year 1230, which records a letter from the Minister General of the Franciscans to the French Provincial of the Order, informing him of his appointment of 'Bartholomaeus Anglicus' as lector of theology at the newly formed *studium* at Magdeburg in Saxony.[8] For the following year the same chronicle (written c. 1262) records the commissioning of two friars to accompany Bartholomaeus and Johannes, also called 'Anglicus,' on their journey to Magdeburg.[9] In 1284 the Franciscan Salimbene of Parma, referring to Bartholomaeus' chapter on elephants, calls him a great cleric who lectured on the whole Bible 'cursorie' (the duty of the *baccalarius biblicus*) at Paris.[10]

Further attempts to flesh out this skeletal portrait have not met with universal accord. Controversy still surrounds his alleged surname of Glanville, for example, a noble family of Norman origin that settled in Norfolk and Suffolk. The ascription can be traced to the sixteenth-century bibliographer John

---

5 L. Hain, *Repertorium bibliographicum* (Paris 1826) I, #2498-2510, pp. 323-5 [who lists 14].

6 G. Sarton, *Introduction to the History of Science* (Baltimore 1931) p. 587. These translations are important to the scholar as being among the earliest prose works written in the vernacular.

7 G.E. Se Boyar, 'Bartholomaeus Anglicus and his Encyclopaedia,' *JEGP* 19 (1920) 168 and 188; and P. Michaud-Quantin, 'Les petites encyclopédies du XIIIᵉ siècle,' *PEMA* (Neuchatel 1966) 113.

8 *Chronica Fratris Jordani,* ed. H. Boehmer (Paris 1908) VI, 49-50.

9 Boehmer, *Chronica* pp. 53-4.

10 Salimbene de Adam, *Cronica,* ed. G. Scalia (Bari 1966) I, 134. The 'cursory' lectures were of a less formal and exhaustive character than the 'ordinary' lectures of a master.

Leland, who in turn may have read the following colophon in a
fourteenth-century manuscript belonging to Peterhouse, Cambridge: 'Expliciunt xix libri de proprietatibus siue de naturis
rerum quos compilauit fr. Bartholomaeus de Glaunuile anglicus
de ordine fratrum minorum ...'[11] Recent scholarship ranges
from a cautious acceptance of Leland's testimony[12] to its un-
qualified rejection on the grounds that it was based on a con-
flation of two different persons possessed of the same Christian
name.[13] The most reasonable attitude would seem to be, in the
absence of conclusive evidence, to regard Bartholomaeus' Glanville connection as at least possible.[14]
  Some scholars maintain that Bartholomaeus received his
early education at Oxford.[15] This would account for his acquaintance with contemporary English authors such as Alfred of
Sareshel and Alexander Nequam. His interest in the physical
sciences, moreover, and the justification of that interest as a
propaedeutic to biblical theology reflect the direction of Oxo-
nian thought under the tutelage of Robert Grosseteste.[16]
  Others favor Chartres as the locus for Bartholomaeus' early
schooling.[17] English students at Chartres in the twelfth and

11 Peterhouse MS. 67, f. 203. See J.C. Russell, *Dictionary of Writers of
   Thirteenth-Century England* (New York 1936) p. 22.
12 See e.g. Russell, p. 22; T. Plassmann, 'Bartholomaeus Anglicus,' *AFH*
   12 (1919) 70-86; and J. Goyens, 'Barthélemy l'Anglais,' *DHGE* VI, 975.
13 Se Boyar, p. 170; and L.T. Smith, 'Bartholomew de Glanville,' *DNB*
   VII, 1288.
14 See e.g. A. Emmen, 'Bartholomaeus Anglicus,' *NCE* II, 131; and A.B.
   Emden, 'Glanville, Bartholomew de,' *A Biographical Register of the
   University of Oxford* (Oxford 1958) II, 771-2. Emden adds that Bartholomaeus was 'possibly' one of four English masters who, according
   to the Franciscan chronicler Thomas Eccleston, joined the Order in
   1224 or 1225 (p. 772).
15 E.g. Plassmann, pp. 86-93; and A.E. Schönbach, 'Des Bartholomaeus
   Anglicus Beschreibung Deutschlands gegen 1240,' *MIOG* (Innsbruck
   1906) XXVII, 64.
16 Plassmann, pp. 91-3; cf. R.J. Long, 'Richard Fishacre's *Quaestio* on
   the Ascension of Christ: An Edition,' *Mediaeval Studies* 40 (1978)
   30-55.
17 E.g. Se Boyar, pp. 175-6.

thirteenth centuries were not uncommon, and in fact one of their number, John of Salisbury, had even been made its bishop. The only evidence suggested for Bartholomaeus' presence there, however, is the inscription of a book presented to the Dominicans of Chartres by a 'Frater Bartholomaeus who was an Englishman'.[18] It is not altogether clear that this was the Franciscan Bartholomaeus who compiled the *De proprietatibus.*[19]

Concerning the dates of the work whose fame has eclipsed that of its author we are on no firmer ground. It seems probable that Bartholomaeus wrote a draft of his encyclopedia while a *baccalarius biblicus* at Paris. Not only was the work relevant to his teaching duties at the time – 'utile mihi' he admits in the Prologue – but also he would have had access to many more sources at Paris than at the new *studium* of Magdeburg. On the other hand, the work is so vast that it is not unreasonable to allow a decade or two for its compilation. In the later books, moreover, Bartholomaeus cites several contemporaries by name – John of St. Giles, Richard Rufus, and Albert the Great[20] – which would argue a compilation date (for those books at least) of no earlier than 1240. Finally, the familiarity Bartholomaeus shows regarding Germany (XV.13) suggests a firsthand acquaintance, an acquaintance that would have postdated his appointment to Saxony in 1231.[21]

An absolute *terminus ante quem* is the year 1267, when Roger Bacon quotes the work of his confrere, without however

---

18 Plassmann, p. 87; and *DHGE* VI, 975.
19 Other doubts regarding his national origin (despite the toponymic surname 'Anglicus') and the century to which he belonged have long since been laid to rest. See Plassmann, pp. 70-90; Se Boyar, pp. 169-74; and *DNB* VII, 1289.
20 Plassmann, p. 94; and Se Boyar, p. 171. L. Thorndike denies any 'certain citation of Albert': see *A History of Magic and Experimental Science* (New York 1929) II, 404. Cf. also *DHGE* VI, 975. Although there are several references to Albert's Commentary on the *De vegetabilibus* in *DPR* XVII.2, this chapter may have been a later interpolation.
21 Schönbach, pp. 68-90; and Plassmann, pp. 101-3.

mentioning the name of its author.[22] We must, in addition, suppose the work to have been completed before 1260, at which time the new Greek-Latin translations of Aristotle began to circulate,[23] translations which Bartholomaeus would certainly have used had he known of their existence. Thus, until further evidence presents itself, we may tentatively conclude that Bartholomaeus was occupied in the compiling of his encyclopedia between the years 1230 and 1250.

The genre 'encyclopedia' was already well established by the time of Bartholomaeus' writing. The *Historia naturalis* of Pliny, the *De nuptiis Mercurii et Philologiae* of Martianus Capella, and the *Institutiones* of Cassiodorus were encyclopedias of sorts; but the archetype, especially in its passion for the names of things, was the *Etymologiae* of Isidore of Seville. The interest of the thirteenth-century encyclopedists shifted from words to things, just as philosophic interest had turned from logic to natural philosophy. 'Thing' (*res*), in fact, appears in the title of nearly all the early thirteenth-century compilations: Alexander Nequam's *De naturis rerum*, Thomas of Cantimpré's *De naturis rerum*, the anonymous *Compilatio de rerum natura* (also called *Compendium philosophiae*), and our *De proprietatibus rerum.*[24]

Things were important for the theologian, moreover, because the language of the Bible was often metaphorical, and errors in the interpretation of its symbols easily led to heresy. As Bartholomaeus says in his Prologue:

This little work (has proven) useful to me and may perhaps prove so to others ... for the understanding of the

---

22 *Fratris Rogeri Baconi opera*, ed. J.S. Brewer (London 1859) p. 46.
23 The most complete documentation of the use of the Arabic-Latin versions of the *De animalibus, De caelo,* and *Meteorologica* is to be found in the scientific works of Albert the Great written in the 1250s; see L. Minio-Paluello, *Opuscula: The Latin Aristotle* (Amsterdam 1972). A decade later the Greek-Latin versions of these treatises were in use; see L. Minio-Paluello, 'Aristotle: Tradition and Influence,' *Dictionary of Scientific Biography* I (New York 1970) 272.
24 See Michaud-Quantin, pp. 105-20. The definitive work on the encyclopedia literature of the Middle Ages has not yet been written.

mysteries of the Scriptures which have been given to us
veiled by the Holy Spirit under the symbols and figures
of natural and man-made properties.
In his treatment of the sense of smell (III.19/65-71) Bartholomaeus gives us further insight into his purpose:
In these therefore and in other conditions of the opera-
tion of nature the divine wisdom must be admired,
which through these and other such similar things gives
us to understand in a certain manner how through material sensible things our heart should little by little be
caused to advance to the understanding of those things
which are above sense, to the knowledge of spiritual
things. And such quite simply is my intention and goal
in this little work of mine.

His lofty intention notwithstanding, Bartholomaeus ultimate-
ly found it impossible to confine himself to things mentioned
in Scripture. Once embarked on his ambitious project, to en-
close within the covers of a single book a compendium of all
existing knowledge, this 'gleaner of stray ears of corn' (as he
calls himself in the Prologue) exhibited an intense and catholic
curiosity that easily transcended the sacred text. His exhaustive
discussion of the visual power in Book III, for example, and his
extensive and influential treatment of the elements, qualities,
and humors in Book IV far surpass the needs of the exegete; he
discusses birds in Book XII and countries in Book XV that no-
where appear in the Bible. It was the rubric of biblical theology,
however, that licensed Frater Bartholomaeus, bound by his
state, his Order, and his profession, to pursue his own very
genuine interest in the properties of things. To study secular
science for its own sake and without reference to the sacred
page would have been unthinkable for a son of St. Francis in
the thirteenth century.
The virtue of Bartholomaeus' compilation and one of the
reasons for its longevity was its logical outline. Divided into
nineteen books and hierarchically arranged in descending order
of importance, the *De proprietatibus* treats first of spiritual

substances, God (I) and the angels (II); then of man, the mixed
substance, his soul (III), body (IV), the parts thereof (V), his
ages (VI), and infirmities (VII); and finally material substances,
the world and heavenly bodies (VIII), time (IX), matter and
form (X), air (XI), birds (XII), water (XIII), earth and its parts
(XIV), provinces (XV), precious stones (XVI), trees and plants
(XVII), animals (XVIII), and accidents, that is, everything not
previously discussed (XIX). It is more comprehensive than either
Nequam's compilation, which was earlier, or Thomas of Cantimpré's, which was contemporaneous, and more manageable in
size than the massive encyclopedia of Vincent of Beauvais, which
probably postdates the De proprietatibus by a few years.

What made Bartholomaeus' work especially appealing to its
medieval readers, however, was its impersonal nature and its
reliance on authority. The latter is at times carried to absurd
lengths, as when for example he describes the opening of flowers
according to Alexander (VIII.16) and skin covering the flesh
according to Isidore (V.64).[25] Although he could not have been
directly acquainted with all of the authors he cites, Bartholomaeus was without doubt widely read and generally conscien-
tious about naming his sources. In compiling a book to save
trouble for others, it is unlikely that he would have spared himself that same trouble.[26]

Nor does Bartholomaeus, unlike some of his competitors,
rely exclusively or even predominantly on the scissors-and-paste
method. When he quotes directly, the citations seldom break
the flow of his argument. More often he paraphrases or sum-
marizes his sources, transposing them into his own distinctive
style of Latin prose; at other times he merely mentions the name
of the author whose views he is propounding. Owing to the
unavailability of many of his sources, however, and the state of
the surviving manuscripts, it is not always easy to decide whether
Bartholomaeus is quoting directly or paraphrasing.

25 E.J. Brockhurst, Bartholomew Anglicus: De proprietatibus rerum
    (unpublished doctoral dissertation; London University 1952) p. 35.
26 Thorndike, History of Magic p. 405.

While it would be going too far to put Bartholomaeus in a
class with his countryman John of Salisbury, the *De proprieta-*
tibus is nevertheless written in a style that is clear, direct, and
pleasing to the ear. In particular, Bartholomaeus is accomplished
and consistent in his use of rhythmical clause-endings (known
as *cursus*);[27] he is especially fond of the so-called *velox* rhythm,
e.g. *perpetuo permansiua, libere electiua* (**III.**13/42, 47). The
same rhythm is achieved by his frequent substitution of *est*
plus a verbal adjective for a verb, a convention which at times
produces some rather awkward neologisms. So distinctive is
this stylistic trait, in fact, that one scholar proposed it as a
shibboleth to distinguish Bartholomaeus' paraphrase from a
direct quotation.[28]

Selected for the present edition are Books III and IV, the
former dealing with the nature and properties of the rational
soul, the latter with the human body. Books V, VI, and VII
also treat of man — namely, the parts of his body, his ages, and
his infirmities. In all, what Bartholomaeus refers to as the 'mixed
substance' occupies more than a quarter of the entire work.
The third and fourth books, however, are central in that they
contain the elements of the author's psychology and physiology
respectively.

Book III is a comprehensive and orderly, though syncretistic,
exposition of the doctrine concerning the soul as taught in the
schools in the first decades of the thirteenth century, the period
immediately preceding the complete assimilation of Aristotle's
De anima. In fact, precisely because it appeared on the eve of
the Aristotelian-inspired revolution in psychological thinking,
much of the Franciscan's work was out of date almost before it
began to circulate.

It was not that Bartholomaeus hadn't read Aristotle. Indeed,
Aristotle is cited in the third book as frequently as Augustine[29]
and Constantine the African, the eleventh-century translator of

---

27 Se Boyar, pp. 184-5; and Schönbach, pp. 67-8.
28 Schönbach, p. 67; for examples see **III.**13/38, 40, 45, 47, 49, etc.
29 In fact, the work most often quoted in this book, the *De spiritu et*

Arabic medical works. Furthermore, Bartholomaeus follows
Aristotle's lead in including the five senses in his discussion of
the soul (**III.17-21**). He even quotes with approval the Aristotelian definition of the soul as 'the first grade of actuality of a
natural organized body.'[30] But this is in a chapter which lists
seven other definitions, all of which are clearly not compatible.
In sum, Bartholomaeus either failed to understand the challenge
posed by the Aristotelian view of man to the traditional Christian
Platonic view, or, having grasped it, chose not to deal with it
within the limitations imposed by the genre.

In Book III, more than in most of the others, it is evident
that the Franciscan is beyond his depth. His *De anima* is, in fact,
little more than a philosophical supermarket, where everybody
could find his own favorite brand of psychology. Even where
contemporary differences of opinion were marked, they are not
reflected in these pages. There is no hint, for example, of the
debates concerning the unicity of man and the plurality of forms
which were even then being waged at Paris and Oxford.[31] Bartholomaeus simply marshals all the available sources and leaves
it to subtler minds than his to quibble over philosophical niceties.

In Book IV Bartholomaeus is plainly on surer ground. His
principal sources here are Constantine, Aristotle the biologist,
and Galen. The book divides itself into a discussion of the four
elements (air, earth, fire, and water), the primary qualities (hot,
cold, wet, and dry), and finally the so-called 'sons of the elements,' the four humors (blood, phlegm, choler, and melancholy).
The matter treated is at once more concrete and less dated than
that covered in the previous book. Representing as it does the
state of physiology and medical science that obtained in the

anima, was written by Alcher of Clairvaux but universally ascribed to
Augustine until Aquinas pointed out the error. See *NCE* I, 270-71.
30 **III.3**; see below, p. 21.
31 The question turned on whether there was one principle (or form) in
man to account for all his powers or several hierarchically structured
forms; it was easily the most vexed question of thirteenth-century
psychology. See D.A. Callus, 'The Origin of the Problem of the Unity
of Form,' *The Thomist* 24 (1961) 257-85.

early thirteenth century and was little improved upon in the generations that followed, it had not surprisingly the greater influence and was perhaps the most widely quoted and referred to of all the books comprising Bartholomaeus' encyclopedia. Owing to the large number of extant manuscripts the decision as to which to reproduce here was a difficult one. As my base text I settled on Bibliothèque Nationale MS. lat. 16098 (hereafter referred to as *A*), which once belonged to the Parisian master Godfrey of Fontaines (d. 1306), known as *Doctor venerandus*.[32] Its ownership by a thirteenth-century master attests both to its early dating (very few of the surviving manuscripts can be assigned to the century of their author) and its influence in the schools; furthermore, since Godfrey bequeathed the manuscript to the Sorbonne upon his death,[33] *A*'s influence presumably survived the teaching activity of its original owner.

A's text is for the most part defensible and clearly superior to the *uncorrected* versions of all the other manuscripts I examined. The fact that *A* features very few corrections, moreover, makes it a more 'sincere' witness than other early, heavily annotated manuscripts. All of these considerations governed my choice of *A*.

The manuscript, which contains the books edited here on folios 10v-25r, is written in a clear Parisian Gothic hand, highly abbreviated, somewhat hurried and lacking the finishing strokes on minims. A note on the flyleaf gives the title and price of the codex along with the following note: 'Iste liber est pauperum

32 See J.F. Wippel, 'Godfrey of Fontaines,' *NCE* IV, 577-8; P. Glorieux, *Répertoire des maîtres en théologie de Paris au XIIIe siècle* (Paris 1933) I, 396-9; Seymour, 'French Readers' p. 101. The bulk of Godfrey's surviving works (and his most important contribution to the scholastic enterprise) is in the form of 15 quodlibetal questions on various theological topics, all of which have been published (Glorieux, *Répertoire* pp. 396-8; and Wippel, p. 578).

33 According to Richard Rouse, Godfrey's bequest and that of Peter of Limoges were among the largest identifiable gifts to the college; Godfrey left 89 codices and Peter over 120 ('The Early Library of the Sorbonne [II],' *Scriptorium* 21 [1967] 227).

magistrorum de sorbona ex legato magistri godefridi de fontibus.'

As a check on A, I chose Bibliothèque Nationale MS. lat. 16099 (hereafter referred to as B). Like A it belongs to the thirteenth century, and also like A it was in the possession of a Parisian master, Peter of Limoges, who died in 1304.[34] Again like A, it was bequeathed upon the death of its owner to the Sorbonne, where it was chained to a desk in the chapel.[35]

Unlike A, however, B is extensively corrected, a care taken possibly because it was a public copy. The corrections, at least some of which are in a later hand, I have noted with the siglum B^2. It is generally the readings of B^2 that I have invoked to emend A — in short, correcting A with the corrector of B. Incidentally, B^2 more closely resembles the Frankfurt 1601 edition, alleged to be the best printed edition,[36] than any manuscript I have examined.

B, which contains the third and fourth books on folios 9r-22v, is written in French Gothic script, smaller than A but easily legible, in double columns. A feature of B, in addition to its many corrections, is the frequency of alternate readings, introduced by *vel* and written either in the margins or interlinearly. Such readings are not always improvements on the text and were added by a reader with access to a second manuscript probably for the sake of completeness, much as a modern editor lists variant readings in an apparatus. The back flyleaf contains the following inscription: 'Iste liber est pauperum scolarium collegii sorbone ex legato magistri petri de limonicis socii predicti collegii.'

I also consulted a third manuscript, British Library Additional 24074 (henceforth C), in the few places where neither A nor B made sense.[37] Except for those eight instances where I accepted

---

34 Glorieux, *Répertoire* pp. 364-6, and *La faculté des arts et ses maîtres au XIIIe siècle* (Paris 1971) p. 290.

35 Seymour, 'French Readers' p. 101.

36 Emmen, p. 131. See also Plassmann, p. 106, n. 2.

37 For a formal description see *Catalogue of Additions to the MSS in the B.M.* (London 1877) II, 8.

the readings of *C*, I generally do not list its variants in the textual notes. The manuscript dates from approximately the last quarter of the thirteenth century[38] and comes from the former Cistercian monastery at Altenryff in Switzerland.[39] *C* clearly represents a different 'family' from *A* and *B*.

On the rare occasion when neither *A* nor *B* nor *C* was intelligible I either adopted the reading of the Frankfurt edition of 1601, which I noted with the siglum *F* (three places), or emended on my own authority (four places).[40]

In general I sought to achieve a balance in the preparation of the present edition, constantly weighing the ideal of reproducing *A* faithfully against the necessity of producing a text which would be comprehensible. While errors of grammar cannot lightly be attributed to Bartholomaeus, it should not be surprising to find him making errors of fact – errors which later readers and scribes took it upon themselves to correct. The author, it must be remembered, was not fully conversant with many of the subjects which he was compelled by the nature of the genre to include in his compilation, and for such subjects he was forced to rely heavily on his sources. Many of these, moreover, were accessible only in faulty translation.

---

38 I am grateful to Mr. J.P. Hudson of the British Library for this opinion of *C*'s date.

39 The monastery of Sancta Maria de Alta Ripa was colonized from Cherlieu in 1138 and suppressed in 1848. See Dom L.H. Cottineau, *Répertoire topo-bibliographique des Abbayes et Prieurés* (Mâcon 1939) I, 1385.

40 Lastly I collated MS. Ashmole 1512, which is mentioned by nearly every source since Quétif-Échard in 1719 as the earliest dated copy of the *DPR* – namely 1296 (QE I, 486). A recent catalogue, however, places this MS in the second half of the fourteenth century, arguing that the colophon containing the name of the scribe and the date was simply copied from an earlier MS, now lost (O. Pächt and J. Alexander, *Illuminated MSS in the Bodleian Library, Oxford* [Oxford 1972] III, no. 741). A comparison of the Ashmole MS with *A* and *B,* moreover, reveals it to be highly contaminated and generally undependable. See R.J. Long, 'A Note on the Dating of MS. Ashmole 1512,' *Manuscripta* 18 (1974) 113-14.

Wherever the readings of *A* were tolerable, I chose them over *B/B²*, even where the latter were technically or grammatically preferable. In such cases I recorded the alternate readings in the textual notes. Only where *A*'s readings were obvious scribal slips or simply did not make sense did I emend. In short, I attempted to reproduce *A* with all of its warts intact.

The orthography follows *A*, even when inconsistent. The *u/v* distinction is not shown and is always written by *A* as *u*, with the exception of the initial *u/v*, which is nearly always written as *V*, even for the vowel. The double-*u* is sometimes written as *w* (e.g. *wltus* for *uultus* or *vultus*), although here the scribe is not consistent. The long-*i* is also preserved and reproduced as *j*. A peculiarity of *A* is that it often omits connectives like *et;* when they are needed to preserve the sense, they are supplied from *B*.

Words in angle brackets $<...>$ are missing in *A* and have been supplied from *B*, *B²*, or by the editor, as noted. Letters so bracketed have been supplied from *B/B²*. Words and letters in square brackets [...] are to be deleted, again in conformity with *B/B²*. Words and letters so bracketed are understood to exist only in *A*. Punctuation and capitalization follow modern usage. The word *phylosophus* presented a special problem; it sometimes refers to Aristotle, sometimes to another authority (e.g. in **III.17**, where the reference is to the author of the *Perspectiua*). Only when the referent was clearly Aristotle did I capitalize *Phylosophus*.

Since *A* gives but a few chapter titles and *B* and *C* none, and since the subject matter of a chapter is not always clear from its opening words, I decided to supply both book and chapter headings from *F*. The orthography of these titles has been 'standardized' to follow *A*.

BIBLIOGRAPHY

Editions

Bartholomaeus Anglicus. *De proprietatibus rerum* (Frankfurt 1601; repr. in facs. Frankfurt 1964) [the most recent Latin edition; cited as *F*]

On the Properties of Things, John Trevisa's Translation of Bartholomaeus Anglicus De proprietatibus rerum: A Critical Text, ed. M.C. Seymour et al., 2 vols. (Oxford 1975) [a third volume, originally scheduled to appear in 1978, will contain an introduction, commentary, and glossary]

Studies

Brockhurst, Elizabeth J. *Bartholomew Anglicus:* De proprietatibus rerum (unpublished doctoral dissertation: London University 1952)

Emden, A.B. *A Biographical Register of the University of Oxford to A.D. 1500* (Oxford 1958) II, 771-2

Emmen, A. 'Bartholomaeus Anglicus,' *New Catholic Encyclopedia* (New York 1967) II, 131 [cited as *NCE*]

Goyens, J. 'Barthélemy l'Anglais,' *Dictionnaire d'histoire et de géographie ecclésiastiques* (Paris 1932) VI, 975-7 [cited as *DHGE*]

Michaud-Quantin, P. 'Les petites encyclopédies du XIIIe siècle,' *La pensée encyclopédique au moyen âge* (Neuchatel 1966) 105-20 [cited as *PEMA*]

Plassmann, T. 'Bartholomaeus Anglicus,' *Archivum Franciscanum historicum* 12 (1919) 68-109 [cited as *AFH*]

Russell, J.C. *Dictionary of Writers of Thirteenth-Century England* (New York 1936)

Sarton, G. *Introduction to the History of Science* (Baltimore 1931) II, 586-8

Schönbach, A.E. 'Des Bartholomaeus Anglicus Beschreibung Deutschlands gegen 1240,' *Mitteilungen des Instituts für*

Österreichische Geschichtsforschung (Innsbruck 1906) XXVII, 54-90 [cited as *MIOG*]

Se Boyar, G.E. 'Bartholomaeus Anglicus and his Encyclopaedia,' *Journal of English and German Philology* 19 (1920) 168-89 [best study of the *DPR* as a whole; cited as *JEGP*]

Thorndike, L. *A History of Magic and Experimental Science* (New York 1929) II, 401-35 [study based on an examination of MSS. B.N. lat. 16098 and 16099]

Abbreviations

In addition to those listed above the following abbreviations are used in the notes:

Beiträge	Beiträge zur Geschichte der Philosophie des Mittelalters (Münster i. W.)
CC	Corpus Christianorum
CL	Classical Latin
CSEL	Corpus scriptorum ecclesiasticorum Latinorum
DC	Du Cange, C. *Glossarium mediae et infimae Latinitatis* (Paris 1937-8)
DNB	*The Dictionary of National Biography*, ed. L. Stephen and S. Lee, VII (Oxford 1917)
DPR	*De proprietatibus rerum*
LS	Lewis, C. and C. Short. *A Latin Dictionary* (Oxford 1879)
ML	Medieval Latin
OED	*Oxford English Dictionary*, ed. J.A.H. Murray et al. (Oxford 1933)
PG	Patrologiae cursus completus, ... series Graeca, ed. J.P. Migne, 162 vols. (Paris 1857-66)
PL	Patrologiae cursus completus, ... series Latina, ed. J.P. Migne, 221 vols. (Paris 1844-64)
QE	Quétif, J. and J. Échard. *Scriptores ordinis praedicatorum* I (Paris 1719)
RML WL	Latham, R.E. *Revised Medieval Latin Word-List from British and Irish Sources* (London 1965)

BARTHOLOMAEUS ANGLICUS

DE PROPRIETATIBUS RERUM

LIBER III

Bibliothèque Nationale MS. latin 16098
folios 10v-17v

III. <BARTHOLOMEI ANGLICI LIBER TERTIUS DE PROPRIETATIBUS ANIME RATIONALIS>

Adiuuante Iesu Christo in precedentibus aliquas proprietates de
substantia penitus incorporea, de diuina scilicet natura et angelica, quantum ad hoc spectat opusculum breuiter introduximus.
Nunc cum eiusdem interueniente auxilio ad creaturam corpo-
5 ream stilum conuertamus, a dignissima creaturarum, scilicet ab
homine, qui naturam et proprietatem sapit tam corporum quam
spirituum inchoantes.

1. <DE HOMINIS DESCRIPTIONE>

Cum igitur homo secundum Ysidorum sit animal deiforme,
mansuetum natura, secundum legem rationis discipline suscepti-
bile, diuinam habens ymaginem in potentia cognoscendi et
similitudinem in potentia diligendi, ad hoc vt rudibus et paruulis
5 hominis proprietates manifestius innotescant, a partibus eius ex
quibus est compositus est breuiter inchoandum; et primo a
natura digniore, scilicet ab anima, secundum quam cum substantia angelica conuenit ac concordat, quia secundum illam
supra naturam corporis homo ad celestia eleuatur. Nam sicut
10 dicit Ysidorus, abusiue est homo ab humo dictus, cum ex socie-
tate non tantum corporis sed anime sit concretus. Et ideo grece
antropos, id est sursum erectus, appellatur, eo quod ab humo ad

---

1/1 The reference is probably to Isidore's statement in the *Etymo-*
     logiae (XI.1.12) that man with respect to his mind is called
     the image of God; ed. W.M. Lindsay (Oxford 1911) II, n.p.
/10-19 Isidore, *Etymologiae* XI.1.4
/10 *abusiue ... humo: homo* is, in fact, derived from the Oscan
     humuns and/or the Umbrian *homonus.*
/12 *antropos,* i.e. ἄνθρωπος. Isidore probably had in mind a com-
     pound of ἀνά and τρέπω, i.e. to turn upwards. This etymo-
     logy, though highly imaginative, is almost certainly wrong. See
     P. Chantraine, *Dictionnaire étymologique de la langue greque*
     (Paris 1968) I, 90-91.

contemplationem sui artificis spiritus regimine subleuatur.
Vnde poeta:

15   'Pronaque cum spectent animalia cetera terram,
         Os homini sublime dedit celumque videre
         Iussit et erectos ad sydera tollere wltus.'

Homo itaque celum querat et non, tamquam pecus ventri obediens, mentem in terra figat. Cum etiam secundum Ysidorum
20   duplex sit homo, scilicet interior et exterior, primo ab interiore,
scilicet ab anima, est tractandum.

2.   < DE HOMINE INTERIORE, SCILICET ANIMA >

       Primo igitur videndum est quid sit anima secundum rem
et secundum diffinitionem, et quid dicatur secundum ethimo-
logiam et nominis impositionem; deinde quid secundum potentiam et virtutem; tertio quid secundum effectum et operationem;
5   quarto quid secundum sui perfectibilis operationem, scilicet
que sit eius proprietas quando cum corpore jungitur, et que
quando ab eo separatur. Anima vero rationalis, de qua hic
jntendimus, a quibusdam sanctis et phylosophis diffinitur vt
spiritus, a quibusdam vt anima, a quibusdam vt anima et spiritus.
10   In quantum autem habet naturam spiritus, diffinitur ab Anglico
in libro De motu cordis:

3.   < DE ANIMA >

       'Anima est substantia incorporea, intellectualis, illumina-
tionis à Primo vltima relatione perceptiua.' Ex qua diffinitione
primam et precipuam cognoscimus rationalis anime proprietatem. Spiritus enim humanus immediate post angelos est diuine

---

1/14   Ovid, *Metamorphoses* I.84-6; quoted by Isidore, *Etym.* XI.1.5
  /19   Isidore, *Etym.* XI.1.6
2/10   *Anglico,* i.e. Alfredo Anglico (Alfred of Sareshel)
  /11   *De motu cordis,* prol. ed. C. Baeumker in *Beiträge* 23.1-2
         (Münster i. W. 1923) 2. The abbreviation was almost uni-
         versally misread as *Augustino* and this misreading was per-
         petuated in the printed editions.

5 illuminationis receptiuus. Item in quantum est anima diffinitur
dupliciter, quia dupliciter vnitur corpori, scilicet vt motor
mobili et nauta naui, et secundum hoc diffinitur a Remigio sic:
'Anima est substantia incorporea regens corpus'; et ab Augustino
De anima et spiritu: 'Anima est substantia quedam rationis
10 particeps, corpori regendo accomodata.' Ex qua diffinicione
aliqua spiritus proprietas elicitur, scilicet quod quadam necessi-
tate amoris et gubernationis ad regimen corporis sibi vniti naturaliter inclinatur. Ex quo etiam patet quod anima in corpore
regendo non per dimensionem et loci spacium in corpore ex-
15 tenditur, sed eius virtute corpus vndique regitur et mouetur.
Sicut ponit Calcidius exemplum in *Commento super Thimeum*
de aranea que in medio sue tele residens sentit qualemcumque
motum interius siue exterius factum, sic et anima in centro
cordis residens sine sui distensione totum corpus viuificat et
20 omnium membrorum motus dirigit et gubernat. Prout autem
comparatur corpori sibi vnito vt forma et perfectio, diffinitur a
Phylosopho in libro *De anima* sic: 'Anima est *endelichia,* id est
actus primus siue perfectio corporis physici organici potencia
vitam habentis.' Ex qua diffinicione patet quod, quamuis corpori
11r sit vnibilis, non tamen omni sed solum orga/nizato corpori et
physico, id est naturaliter, id est ad susceptionem anime rationalis disposito, infunditur et vnitur. Item in quantum est anima
et spiritus quadrupliciter diffinitur. Primo in comparatione ad

3/7   *Remigio:* Remigius is actually Nemesius, author of the *De
natura hominis;* see Ignatius Brady, 'Remigius-Nemesius,'
Franciscan Studies 8 (1948) 275-84. The definition quoted
here, which cannot be found *as such* in Nemesius, seems to
have been pieced together from two remarks in the *De natura
hominis:* 'substantia incorporea' (PG 40.565) and 'regens
corpus' (PG 40.552-3).

/8-9   Alcher of Clairvaux, *De spiritu et anima* 1 (PL 40.781)

/16   Chalcidius, *Commentarius in Timaeum* 220, ed. J.H. Waszink
in *Plato Latinus* (London 1962) IV, 233. Chalcidius cites
Chrysippus as the author of the analogy.

/22   Aristotle, *De anima* II.1.412 a 19-21
endelichia, i.e. ἐντελέχεια (actuality). *Endelecheia* (continuity)
was often confused with *entelecheia;* see Se Boyar, p. 199.

creaturas generaliter, sicut dicit Augustinus in libro *De anima*
30 *et spiritu:* 'Anima est omnium similitudo.' Ex quo patet quod
anima ex sui natura ad suscipiendum in se omnium rerum simi-
litudines est apta nata, vt dicitur in libro *De anima et spiritu:*
'Anima ad similitudinem totius sapientie facta, in se omnium
rerum gerit similitudinem, quia similis terre est per essentiam,
35 aque vero per ymaginationem, aeri per rationem, firmamento
per intellectum, celo empyreo per intelligentiam.' Sexto autem
modo diffinitur in comparatione ad Deum tamquam ad suam
causam efficientem sic: 'Anima est deiforme spiraculum vite.'
Ex quo proprietas anime, quia non ex traduce nec ex seminali
40 ratione propagatur, sed ad viuificationem corporis a Deo infunditur et creatur. Item VII° [vno] modo describitur in comparatione ad Deum sicut ad finem suum sic: 'Anima est spiritus
intellectualis ad beatitudinem in se et in corpore ordinatus.' Et
ex hoc, ex quo relucet alia proprietas, sumitur quod anima non
45 solum separata beatificatur cum angelis vel sicut angelus, immo
in corpore glorificato ipsius felicitas ampliatur. Istas omnes
diffinitiones sub quadam generali descriptione comprehendit
Johannes Damascenus, capitulo XXVI: 'Anima est substantia
viuens, simplex et incorporea, corporeis oculis secundum pro-
50 priam naturam inuisibilis et immortalis, rationalis, intellectualis,
infigurabilis, organico vtens corpore, et huic, id est corpori,
vite, augmentationis, sensus et generationis tribuitiua; non aliud
habens preter seipsam intellectum, sed et partem ipsius purissi-
mam; sicut etenim oculus in corpore, ita est in anima intellectus;
55 arbitrio libera et voluntaria vel voluntatiua et operatiua, volun-

3 /29   Alcher, *De sp. et an.* 6 (PL 40.783)

  /32   *De sp. et an.* 6 (PL 40.783)

  /38   See Gen. 1:26.

  /42-3 Both John of La Rochelle and Philip the Chancellor attribute
       the definition to Seneca. Although the phrase nowhere appears
       verbatim, in Epistle 92 the Stoic philosopher argues that the
       attainment of happiness depends on the perfection of our
       rational faculty.

  /48   John Damascene, *De fide orthodoxa* 26.6, tr. Burgundio of
       Pisa, ed. E.M. Buytaert (St. Bonaventure, N.Y. 1955) n.p.

tate vertibilis, quoniam causabilis. Omnia hec ex eius gratia qui
eam condidit suscipiens, ex quo et esse <et> naturam esse
suscepit.' Hucusque Johannes Damascenus in capitulo supradicto.
Consimiles etiam proprietates describit Bernardus dicens sic:
60   'O anima, insignita Dei ymagine, decorata similitudine, despon-
sata fide, dotata spiritu, redempta Christi sanguine, deputata
cum angelis, capax beatitudinis, heres salutis, particeps rationis,
quid tibi cum carne vnde pateris?' et cetera. Ex istis multis
diffinitionibus et descriptionibus variis varie proprietates anime
65   rationalis quo ad esse nature et etiam gratie jam relucent.

[4.   < QUOMODO ANIMA SIT A PHYSICIS DESCRIPTA >

Quid tamen sit secundum rem anima, pluribus est incertum.
Nam circa hoc antiqui leguntur phylosophi varias et quasi con-
trarias sententias protulisse. Recitat enim Aristoteles in libro De
anima quod Plato posuit animam esse essentiam se mouentem;
5   Zeno vero dicit animam esse numerum se mouentem; Pictagoras
armoniam; Paphinomius ydeam; Asclepides vero dixit animam
esse V sensuum exercitium siue consonum; Ypocras autem
spiritum tenuem per omne corpus dispersum; Eraclitus physicus
lucem vel scintillam essentie animam vocat; Democritus spiritum
10   insertum atthomis, vnde propter facilitatem motus totum corpus
anime peruium asserit; Parmenides dicit eam ex terra et igne
esse; Empicurus dicit animam quandam speciem ex igne et aere
esse; Ypertus dicit animam quemdam vigorem igneum fore, juxta

3/59   Bernard, *De cognitione humanae conditionis* 3 (PL 184.489)

4/3   Macrobius, *In somnium Scipionis* I.14, ed. J. Willis (Leipzig
1963) II, 58-9

/4-14   The list of descriptions which Bartholomaeus attributes to
Aristotle is taken almost *verbatim* from Macrobius; cf. Nemesius, *De natura hominis* 2 (PG 40.535-8) for a similar list.

/5   *Pictagoras*, i.e. Pythagoras

/6   *Paphinomius:* possibly the Stoic philosopher Posidonius (d.
51 B.C.)

/7   *Ypocras*, i.e. Hippocrates (fl. 400 B.C.)

/13   *Ypertus:* possibly Hipparchus of Nicea (d. c. 126 B.C.)

illud: 'Igneus est illis vigor et celestis origo.' Cum ergo tot et
15 tam diuersa de substantia anime a sapientibus sunt relata, hoc
solum sufficiat quo ad presens, quod secundum sanctorum
dicta anima est quedam spiritualis et rationalis substantia, ad
viuificandum et perficiendum corpus humanum a Deo ex
nichilo sic creata. Vnde quia substantia est, <est> contrariorum
20 susceptiua. Susceptibilis enim est scientie et ignorantie, virtutis
et malicie, et hoc sine substantie sue immutatione seu deperditione. Item quia incorporea est, non est sensu<i> corporali
peruia neque secundum dimensionem extensiua[m]. Item quia
simplex est in natura, ideo nec augmenti nec decrementi est in
25 sua essentia receptiua, et ideo nec in corpore maiore est maior
nec in minore minor, vt dicit Augustinus. Item quamuis simplex
sit et inuariabilis in substantia sua, multiplex tamen est in sua
potentia. Nam multitudo in virtute et potentia non ponit maioritatem in natura vel minoritatem, sed quo ad varios effectus est
30 potentialis multitudo in anima. Vnde non est maior in tribus
quam in vna, nec minor in vna dicitur quam in tribus. Patet itaque multiplex anime proprietas secundum rem et diffinitionem.
Lucidius autem patebit anime conditio per nominis ipsius
impositionem.

5.   <QUOMODO ANIMA A GENTIBUS NOMEN ACCEPIT>

Anima igitur secundum Ysidorem 'a gentilibus nomen
accepit, eo quod secundum eorum opinionem ventus sit, quia
aerem ore attrahentes viuere videmur; sed hoc apertissime falsum
est, quia multo prius anima corpori infunditur quam ore aer
5 capiatur, quia in genitricis vtero statim viuit quando a Domino

4/14   Virgil, *Aeneid* VI.730, quoted in Alcher, *De sp. et an.* 14
        (PL 40.790)

/16-17 *secundum sanctorum dicta:* see Alcher, *De sp. et an.* 8 (PL
        40.784).

/26   See Alcher, *De sp. et an.* 18 (PL 40.793-4).

5/1   Isidore, *Etym.* XI.1.7-14

/2   *ventus: animus/anima* was originally a Greco-Italic form of
        ἄνεμος (wind); see LS, p. 123.

infunditur et creatur. Anima igitur dicitur eo quod uiuit et
corpus, cui infunditur, animat, et viuificat. Spiritus vero dicitur,
quia vitam habet in se spiritualem, animalem, et naturalem, et
quia spirare facit ipsum corpus. Idem etiam in essentia est anima
et animus; sed anima dicit vitam secundum rationem et animus
10   consilium. Vnde dicunt phylosophi quod animam, id est vitam,
sine animo, id est sine consilio, permanere. Dicitur etiam anima
mens, quia tamquam caput eminet vel quia meminit. Vnde et
homo secundum mentem dicitur ymago Dei. Item multa nomina
anime sunt ita coniuncta quod vnum pro alio sepe ponitur, et
15   per diuersa nomina vna anima diuersis respectibus nominatur.
11v   Anima enim dicitur / dum animat et viuificat; mens in quantum
recolit; animus dum wlt; ratio dum rectum judicat; spiritus dum
spirat; sensus dum aliquid sentit. Vnde et pro hiis anime proprietatibus scientia, que anime qualitas est, a sensu nomen accepit.
20   Hucusque Ysidorus libro XI, capitulo III.

6.   < DE POTENTIIS ANIME >

Anima vero plures habet potentias, cum sit in substantia
vna; habet multiplicem comparationem secundum quam oportuit
diuersam potentiarum ipsius ostendere partitionem. Comparatur
enim ad corpus et ad finem suum et ad actum suum. Secundum
5   comparationem vero ad corpus V habet potentias, quarum prima
est secundum Augustinum sensualitas, que uis anime qua mouetur et tendit in corporis sensus atque appetitus rerum ad corpus
pertinentium. Hac potentia mouetur animal ad appetendum
delectabilia refugitque nociua. Secunda potentia est sensus,
10   scilicet vis anime qua cognoscit res sensibiles et corporales quando
sunt presentes. Tercia est ymaginatio, qua anima intuetur formas
rerum corporalium quando sunt absentes. Quarta est ratio, que
inter bonum et malum, verum et falsum discernit. Quinta est

5/19   Isidore actually says that *sententia* (opinion) – not *scientia* –
derives its name from *sensus*. Cf. Alcher, *De sp. et an.* 34 (PL
40.803).

6/6   Alcher, *De sp. et an.* 38 (PL 40.808-9)
que uis, i.e. *que est uis*

intellectus, qua res non materiales sed intelligibiles comprehen-
15   dit, vt Deum et angelum et huiusmodi. Tres prime potentie,
scilicet sensualitas, sensus, et ymaginatio, sunt in anima prout
corpori est vnibilis et ei influit vitam et sensum interiorem et
exteriorem ad ipsius corporis perfectionem. Et hee potentie
hominibus et brutis sunt communes. Due vero alie, scilicet ratio
20   et intellectus, sunt in ea prout a corpore est separabilis et rema-
net separata, sicut angelus.|Et hoc secundum duplicem aspectum:
respicit namque superiora, et sic intellectus nuncupatur; respicit
et inferiora, et sic ratio dicitur. Prout autem anima comparatur
ad finem suum, triplicem habet potentiam: scilicet rationalem,
25   qua tendit in verum; concupiscibilem, qua tendit in bonum; et
irascibilem, qua tendit in arduum et eternum. In rationali est
cognitio veri; in concupiscibili voluntas et desiderium boni; in
irascibili est fuga contrarii, scilicet mali. Omnis itaque potentia
sic considerata est vel cognitiua siue apprehensiua veri vel
30   affectatiua boni vel motiua ad fugam mali. De vi apprehensiua
siue rationali omnis sensus oritur. De vi autem motiua, concupiscibili, et irascibili nascitur omnis affectio seu affectus. Que
affectiones sunt IIII^{or}, scilicet gaudium, spes, timor, et dolor.
Prime due nascuntur de concupiscibili, nam de re quam concu-
35   piscimus gaudemus et gaudendo speramus. Due vero alie, scilicet
timor et dolor, oriuntur de irascibili, quia de eo quod odimus
dolemus et dolendo timemus. Hii siquidem IIII^{or} effectus
(virtutum omnium et viciorum) quedam sunt subtracta materia,
sicut alias est ostensum; et hoc patet per Augustinum in libro
40   *De anima et spiritu,* vbi hec omnia declarantur. /

7.   < DE TRIPLICI POTENTIA ANIME >

Prout vero consideratur anima in comparatione ad suum

6/37-8   *Hii … materia:* 'indeed these four effects are, as it were, the
hidden matter of all the virtues and vices' etc. Although
effectus is tolerable, *affectus* ('affections') is a preferable
reading (see **6/32** above).
/39   Alcher, *De sp. et an.* 4 (PL 40.782)

actum, triplex potentia occurrit, scilicet vegetabilis, sensibilis,
rationalis; immo in diuersis subiectis triplex dicitur anima:
scilicet vegetabilis, que est in plantis et radicibus; sensibilis, que
5 est in brutis animalibus; rationalis, in hominibus. Vnde animam
vegetabilem comparat Phylosophus triangulo, quia huiusmodi
tres sunt partes: generatiua, nutritiua, et augmentatiua. Vnde
hec potentia seu anima prima est similis triangulo in geometria.
Animam sensibilem comparat quadrangulo, quia quadrangulus
10 ducta linea ab angulo ad angulum duos facit triangulos, et anima
sensibilis duos facit triangulos potentiarum; vbicumque enim
anima est sensibilis, ibi et vegetabilis inuenitur, sed non econtrario. Animam autem rationalem comparat circulo ratione sue
perfectionis et capacitatis. Omnium enim figurarum ysosperimi-
15 carum, id est equales ambitus habentium, maximus est circulus.
Quamuis enim perfectibilis facta sit in scientia et virtutibus, vt
dicitur libro *De anima*, perfectissima est et capacissima, instar
circuli, quantum ad potentias naturales. Vnde supposita anima
rationali presupponitur potentia vegetabilis et sensibilis, sed non
20 conuertitur.

8.   <DE ANIMA VEGETABILI>

Anima igitur vegetabilis potentiam habet generatiuam
necessariam ad multiplicationem speciei, potentiam nutritiuam
ad conseruationem indiuidui, sed potentiam augmentatiuam
necessariam ad perfectionem subiecti. Huic autem virtuti vege-
5 tabili IIII^or deserufunt: scilicet virtus appetitiua, que sumit
necessaria in nutrimento; digestiua, que separat conueniens ab
inconuenienti in nutrimento; retentiua, que transmittit ad singulas partes in animalibus et ad singulos ramos in plantis quod
conueniens est in alimento, et coniungitur eis vt restauretur

7/6   Aristotle, *De anima* II.3.414b28-415a13. Cf. Averroes, *Com-
mentarium magnum in Aristotelis De anima librum secundum*
31, ed. F.S. Crawford (Cambridge, Mass. 1953) p. 176; Averroes
illustrates the text by means of a figure.

/13   *comparat circulo:* cf. *DPR* XIX.127.

/17   See e.g. Aristotle, *De anima* III.8.431b20-23.

10   deperditio tam in animalibus quam in plantis; expulsiua, que
        expellit illud quod est nature inconueniens et nociuum. Sunt et
        alie virtutes potentie vegetabili administrantes, vt immutatiua,
        informatiua, assimilatiua, perforabilis, aspera, lenis, quarum
        differentias non intendimus prosequi, quia in libro Johannicii
15   per se patent. Ex predictis igitur breuiter recolligo quod anima
        per potentiam vegetabilem in plantis de similibus similia pro-
        ducit et producta in esse multiplicat et custodit. Item que sunt
        necessaria ad nutrimentum appetit, recipit, incorporat atque
        vnit, et cetera. Item que inconuenientia sunt abicit et excludit.
20   Item per generatiuam virtutem, cui deseruit passitiua, multipli-
        cat speciem et ad esse producit. Item per nutritiuam speciem
        multiplicatam refouet atque nutrit. Item per augmentatiuam
        subiectum dilatando in debita quantitate perficit et producit.
        Item senio et temporis mutabilitate deficit et tandem pereunte
25   corpore ipsa perit. Hec de anima vegetabili hic dicta sufficiant.

9.   \<DE ANIMA SENSIBILI\>

        De anima sensibili quantum ad potentiarum suarum
        differentias aliqua pauca breuiter sunt dicenda. Nam virtus
        sensibilis in subtilissimis ventriculis cerebri sedem habet; ab ipso
        enim cerebro per neruos et arterias per singulas partes animalis
5   se diffundentes, motum et sensum voluntarium in singulis
12r   membris operantur. Duplicem itaque habet / anima sensibilis
        potestatem, scilicet apprehensiuam et motiuam. Apprehensiua
        vero diuiditur in sensum communem siue interiorem et in

8/14   Johannitius (Hunain ibn Ishaq, c. 810-77), *Hysagoge in medi-
        cina*, in *Articella* (Lyons 1515) f. 2v. Johannitius' *Isagoge*
        (an introduction to the *Tegni* of Galen) was immensely
        popular during the Middle Ages and played the same part in
        the teaching of medicine as Porphyry's *Isagoge* in that of
        logic; see Sarton, *Introduction* I, 611-13.

9/2-3   That the sensory power had its seat in the subtle cavities of
        the brain was accepted Galenic doctrine which Bartholomaeus
        could have derived from a number of sources (e.g. Alfred's
        De motu cordis).

sensum particularem siue exteriorem. Sensus enim exterior con-
10 tinet visum, auditum, gustum, odoratum, et tactum, et iste
sensus in suis organis producitur taliter ad effectum. Quidam
neruus, qui ab atthomia dicitur obticus, descendit a cerebro ad
oculos seu ad oculorum pupillas et ramificatur in duas partes;
et alius quidem ad aures; tertius ad nares; quartus ad linguam
15 et palatum; quintus ramificatur ad organa tactus per corpus
totum. Per istos itaque neruos spiritus sensibilis vbique diffunditur per corpus et ipsius virtute totum sensibile et mobile redditur, ex cuius spiritus diffusione per neruos, arterias, et ramu-
sculos tota corporis compago ad motum habilis inuenitur.

10.   <DE SENSU COMMUNI SIUE INTERIORI>

Sensus vero communis siue interior diuiditur in tres partes
secundum tres cerebri regiones. Nam in cerebro tres sunt cellule:
scilicet anterior, in qua virtus ymaginatiua operatur, que quidem
ea que sensus extrinsecus apprehendit interius ordinat et com-
5 ponit, vt dicit Johannicius; est et media cellula, scilicet logistica,
in qua sensibilis ratio siue estimatiua virtus dominatur; est iterum
et tertia postrema, que est memoratiua, que ea que apprehensa
sunt per ymaginationem siue rationem in thesauro memorie
retinet et custodit.

11.   <DE VIRTUTE SENSITIUA>

Sensus itaque siue sensitiua virtus, que ab anima sensibili
procedit, est potentia qua anima de coloribus et saporibus et
aliis sensuum obiectis iudicat et discernit. Ymaginatiua vero est
virtus qua formas prius a particularibus receptas, quamuis ab-
5 sentes, apprehendimus, vt patet quando montes aureos cogi-
tamus, uel quando propter similitudinem aliorum montium

9/12   *atthomia,* i.e. *anatomia;* the reference is probably to the
science of anatomy in general rather than to a particular
textbook by that title.
10/5   Johannitius, *Hysagoge* (f. 3r)

de monte Parnaso sompniamus. Vis autem estimatiua siue ratio
sensibilis est secundum quam in precauendis malis nobis, in
delectabilibus consequendis prudentes sunt homines et sagaces.

10 Et hec estimatiua nobis communis est et brutis, vt patet in
canibus et lupis, ratione tamen proprie loquendo non vtuntur
sed quadam forti et solerti estimatione. Sed de hoc alias. Memoratiua vero est vis conseruatiua siue recordatiua per quam species
rerum, ne in obliuionem veniant, reponimus et reseruamus.

15 Vnde dixit quidam, memoria est archa siue cistula rationis.

12. \<DE VIRTUTE SENSIBILI MOTIUA\>

Virtus autem sensibilis motiua diuiditur in naturalem,
vitalem, et animalem. Virtus autem naturalis est motiua humorum in corpore animalis per venas; et hec habet sedem suam
principalem in epate, eo quod ibi principaliter operetur. Virtus

5 quoque vitalis habet motum suum per arterias, in quibus mouent
spiritus a corde procedentes. Nam hec virtus sedem suam habet
in corde, vnde oriuntur arterie, sicut ex epate vene nascuntur;
tanti enim caloris est cor quod nisi frigido aere attracto eius
calor mitigaretur, vtique in semetipso suffocaretur. Propter

10 quod per arterias et pulmonem necesse est aerem attrahere et
eius incendium mitigare. Virtus autem animalis motiua, que
principaliter sedem habet in ventriculis cerebri, a quo oriuntur
omnes nerui mediante nucha, id est medulla spinali que est in
spondilibus dorsi, mouet omnia. Primo enim mouet neruos,

15 musculos, et lacertos, qui moti mouent et alia membra motu
voluntario in omnem partem. Secundum vero quod mouet
manus dicitur virtus operatiua; secundum vero quod se extendit

11/7   *Parnaso:* cf. Aristotle, *Meteorologica* I.13.350 a 19. Parnassus
        was the name of a mountain in central Greece, sacred to
        Apollo, at whose foot was the city of Delphi.

/15   *quidam:* Alcher refers to the memory as a chest (*De sp. et an.*
        38 [PL 40.808]), but the reference may very well be to a
        commonplace.

12/1-2 This was accepted Galenic theory that could be found more
        immediately in Alcher's *De sp. et an.* 20-22.

ad pedes et mouet ad ambulandum dicitur vis progressibilis, eo
quod secundum eam mouentur animalia motu progressiuo.
20   Recollige igitur breuiter anime sensibilis proprietates huic tracta-
tui congruentes. Est igitur anima sensibilis quedam spiritualis
substantia, vegetabili nobilior et dignior, rationali vero longe
indignior et ignobilior. Nam eius esse et operatio dependet a
materia seu subiecto cuius est perfectiua. Vnde pereunte corpore
25   perit ipsa essentia et operatio nec permanet a corpore separata.
Quamdiu tamen est in corpore, nobiles habet operationes. Est
enim corporum animalium sensificatiua, et in ipsis sensuum
interiorum et exteriorum secundum organorum exigentiam
completiua. Item omnium membrorum secundum omnem par-
30   tem est motiua. Item per singulas partes corporis est sue virtutis
diffusiua. Item secundum maiorem nobilitatem organorum et
membrorum est nobiliorum actionum productiua. Item sompni
et vigilie in animalibus est effectiua. Item virtute eius ad interiora
reuocata in interioribus corporis fortius est actiua. Item diffusa
35   per exteriores sensus et circa diuersa occupata debilius in singulis
operatur; quando enim actualiter intenditur in visu debilitatur
et remittitur in auditu, et sic de aliis. Vnde dicitur, pluribus
intentus minor est ad singula sensus. Item in extremis et nimis
excellentibus eius virtus obtunditur sed in mediis delectatur.
40   Item eius virtus et operatio impeditur quando propter opilationem
meatuum et pororum in membris spiritui sensibili via seu transitus denegatur, vt in paraliticis, epilepticis, et aliis patet. Item ex
nimio calore dissoluente et poros dilatante virtus eius dissoluitur;
sic ex nimia frigiditate constringente, ne se diffundat, coartatur.
45   Item ex odoriferis virtus animalis deperdita <restauratur>,
sicut ex fetidis corrumpitur et grauatur. Sed hec de sensibili
virtute iam sufficiant.

13.   < DE ANIMA RATIONALI >

Anima vero rationalis siue vis intellectiua idem est quod

12/37   *dicitur:* see e.g. Aristotle, *De sensu* 7.447a13-449a20.
/40   *opilationem,* i.e. *oppilationem*

intellectus. Vnde diuiditur secundum duos principales actus:
intellectum speculatiuum et intellectum practicum. Intellectus
enim speculatiuus exercetur in contemplatione; intellectus vero
5   practicus in operatione. Et secundum hanc radicem diuiditur
vita actiua et contemplatiua. Anima igitur rationalis perpetua
est et incorruptibilis ac immortalis. Propter quod et eius principalis actus, scilicet intelligere, nullatenus dependet a corpore et
ideo perfecte viuit et intelligit a corpore separata. Immo /
12v   quanto plus se corpori immerserit, tanto tardius et imperfectius
intelligit; et quanto se magis a carnalibus nexibus amplius sub-
traxerit, tanto facilius et clarius apprehendit. Voco autem hic
immersionem vel per fantasticam ymaginationem vel per delecta-
tionem carnis siue temporalium dilectionem. Vnde dicit
15   Gregorius: 'Homo sicut in medio creatus est, vt esset inferior
angelo superiorque jumento, ita habet aliquid quod necesse est
conuenire cum summo et aliquid cum infimo. Immortalitatem
quidem habet spiritus cum angelo, mortalitatem vero corporis
cum jumento.' Anima igitur si ad Deum per rationem conuerti-
20   tur, illuminatur, melioratur, et perficitur. Si vero per affectiones
ad creaturas conuertitur, obscuratur, corrumpitur, et deteriora-
tur; quamuis enim anima in se considerata immortalis sit et
perpetua, passibilis tamen est ex colligatione corporis cui est
coniuncta. Vnde Augustinus in libro *De anima et spiritu:*
25   'Anime in corporibus viuentes per dilectionem rerum sensibilium
corporalibus ymaginationibus afficiuntur, a corporibus exeuntes
in eisdem ymaginibus tormenta patiuntur. Propterea enim
corporalibus passionibus ibidem detineri possunt, quia hic
mundate a corruptione corporum non fuerunt.' Ex quo patet
30   quod anima, quamuis in sua natura sit purissima, impuritatem
contrahit a carne, que originaliter est corrupta, sicut vinum vel
alius quicumque liquor ex vase corrupto contrahit infectionem.
Et ideo exuta a corpore quandoque ex colligatione corporis
secum sordes defert, et ideo necesse est vt purgetur, sicut gemma
35   de luto nouiter emundata. Hec omnia de dictis Augustini sunt

13/15   Gregory the Great, *Dialogi* IV.3 (PL 77.321)
 /24   Alcher, *De sp. et an.* 30 (PL 40.800)
 /35   Alcher, *De sp. et an.* 32 (PL 40.801-2)

excepta. Recollige igitur ex predictis quod anima rationalis inter omnes creaturas diuine ymaginationis similitudinis est expressius representatiua: et hec quia trina est in potentia, quamuis vnica sit et simplex in natura. Item omnium rerum similitudine est in
40   se contentiua; et ideo anima dicitur omnium rerum similitudo, vt dicit Augustinus. Item semel creata in corpore vel extra corpus est in esse perpetuo permansiua. Nam vt dicit Ysidorus: 'Numquam ad diuinam ymaginem creata diceretur, si mortis termino clauderetur.' Item *endilechia* est corporis organici physici, et
45   ideo ipsius corporis in parte et in toto est perfectiua. Item ex natura sibi indita est naturaliter boni et mali, veri et falsi diiudicatiua et libere electiua. Item secundum diuersas potentias formarum et specierum diuersarum rerum presentium et absentium est apprehensiua. Nam res materiales per suas materiales
50   formas presentes vel absentes discernit; res vero immateriales per sui prescientiam comprehendit, vt dicit Augustinus. Item per reflexionem suiipsius supra se suiipsius cognitiua, vt dicit Phylosophus. Nam videndo et intelligendo cognoscit se, et cetera. Item illuminationum et impressionum diuersarum ad modum
55   tabule est naturaliter receptiua. Item cum naturaliter incorporari et corpori vniri appetat, vnionis cum corpore naturaliter est affectatiua. Item naturaliter est appetitiua boni et malicie fugitiua; quamuis enim ex defectu liberi arbitrii quandoque malum eligat, nichilominus tamen ex natura malo remurmurat, vt dicit
60   Augustinus. Vnde anima vegetabilis appetit esse; sensibilis appetit bene esse; rationalis autem affectat optimum esse. Et ideo numquam quiescit, nisi cum optimo coniungatur. Locus enim anime rationalis est Deus, ad quem mouetur, vt in eo quiescat, non per distensionem sed potius per desiderium et amorem. Hee itaque
65   anime proprietates cum aliis suprapositis iam sufficiant.

/39-40 *omnium rerum ... contentiua:* 'containing in itself all things by a likeness'
/41   Alcher, *De sp. et an.* 6 (PL 40.783)
/42   *Ysidorus:* Cassiodorus, *De anima* 2 (PL 70.1285)
/51   Alcher, *De sp. et an.* 11 (PL 40.786)
/52-3   Aristotle, *De anima* III.4.429b6-10
/59-60 I was unable to locate this source.

14. <DE VIRTUTIBUS ANIME QUIBUS POTENS EST
SUAS OPERATIONES EXERCERE>

Postquam diximus de proprietatibus anime in se et in suo
corpore considerate, restat videre de ipsius virtutibus quibus
potens est suas operationes in corpore exercere. Hec autem
virtus est potentia anime ei essentialiter attributa ad suas per-
5   agendas in corpore actiones. Nam mediante hac virtute corpus
viuificat, cor et arterias constringit continue et dilatat, sensum
et motum voluntarium omni animato corpori amministrat, vt
dicit Constantinus libro XIII. Hec itaque est triplex: naturalis,
que est in epate; vitalis siue spiritualis, que in corde; animalis,
10   que in cerebro sedem habet. Actio igitur virtutis naturalis in
animalibus et in plantis communis est, que generat, nutrit, et
augmentat, vt idem dicit Constantinus. Est autem generatio,
prout hic sumitur, substantie humoris vel rationis seminalis in
substantiam plante vel animalis operatione nature facta mutatio;
15   et hec virtus incipit operari a tempore generationis vsque ad
perfectionem plante vel animalis. Huic autem generationi naturali due virtutes naturaliter subministrant, scilicet immutatiua
et informatiua. Nam virtus immutatiua est illa que substantiam
seminis transmutat et conuertit in substantiam singularum
20   partium plante vel animalis; et hec virtus istam facit transmuta-
tionem mediantibus IIII^{or} qualitatibus primis, scilicet calido,
frigido, humido, et sicco. Nam per calidum humidum operatur
substantiam molliorem, vt carnem in animalibus, flores et
medullam in arboribus; per calidum et siccum operatur radices
25   in vegetabilibus, cor in animantibus; per frigidum et humidum
operatur, vt in plantarum foliis et animalium pilis; per frigidum

14/8   Constantinus Africanus, *Pantegni* IV.1, in *De communibus* …
locis (Basel 1536) p. 79. The *Pantegni* was a free translation
into Latin (made c. 1075) of a part of the famous *al-Maleki*
(*Liber regalis*) by Haly Abbas, a Persian magus and doctor
who died in 994. The first part of the *Pantegni* is devoted to
the exposition of the theoretical principles of medicine, the
foremost source of which was Galen.
/12   Constantinus, *Pantegni* IV.1 (p. 79)

siccum operatur, vt patet in neruis et ossibus animalium, in
troncis et corticibus arborum et plantarum. Virtus vero secunda-
ria, scilicet informatiua actionum nature, in generationibus est
30 necessaria, quia o<r>dinat et distinguit formam et speciem ipsi
generato per partes singulas congruentes. Nam hec virtus per-
foranda perforat, vacua concauat, aspera lenificat et nimis lenia
asperat, et vnicuique particule superficiem perficit et figurat.
Hee autem due virtutes, scilicet immutatiua et informatiua, non
13r diutius operantur nisi quousque / ipsa res generata, vt animal
vel planta, in esse nature compleatur. Et ideo necesse fuit vt
uirtus nutritiua ad conseruationem generationis continue seque-
retur; est enim ipsius generatiue virtutis adiutrix et ministra,
quia in longitudinem, latitudinem, et profunditatem augmentat
40 et extendit ipsum generatum. Pascitiua quoque virtus nutritiuam
adiuuat et ei ministrat, quia cibum ab animalibus assumptum in
membris solidat et assimilat, et quod dissolutum est ac deperdi-
tum vi caloris vel in aliqua passione aeris reparat et restaurat; et
ideo natura mirabilis pascitiuam virtutem nutritiue fecit adiu-
45 tricem et vtrumque subiecit ministerio virtutis generatiue. Huic
ergo pascitiue virtuti IIII^{or} virtutes particulares subministrant,
scilicet appetitiua[m], que nutrimentum conueniens attrahit
ipsis membris et ad nutrimentum carnis attrahit temperamentum
sanguinis, ad nutrimentum cerebri et pulmonis temperamentum
50 fleumatis, et sic de aliis. Item ei cooperatur virtus digestiua, que
conuenientia ab inconuenientibus in nutrimento separat et
diuidit purum ab impuro. Item uirtus retentiua, que scilicet
purum nutrimentum custodit, et quod iam actione nature ex-
coctum est singulis membris incorporat et assimilat atque vnit.
55 Item expulsiua, que superflua a membris tracta ei nullatenus
assimilando necessario expellit. Et ideo sicut vis appetitiua
operatur cum calido et sicco, et digestiua cum calido et humido,
et retentiua cum frigido et sicco, sic expulsiua cum frigido et
humido operatur.

15. < DE VIRTUTE VITALI CUIUS INITIUM EST COR >

Virtutem autem naturalem sequitur virtus vitalis que

viuificat, cuius fundamentum siue proprium domicilium est cor,
a quo procedit vita ad omnia membra viuificanda. Istius virtutis
operationi cooperatur vis voluntarie motiua, qua cor et arterie
5 dilatantur et constringuntur. Et dicitur hic dilatatio motus a
cordis medio in omnes extremitates; sic econtrario constrictio
dicitur motus ab extremitatibus ad ipsum medium, sicut est in
fabrorum follibus videre. Virtus ergo vitalis cor dilatando mediante pulmone ad cor aerem attrahit et a corde ad alia membra
10 per arterias transmittit. Et ita virtus per virtutem dilatatiuam
cordis et constrictiuam hanelitum in animali operatur, qui
mouet pectus motu continuo, neruis tamen motis primitus et
lacertis. Iste autem flatus siue hanelitus necessarius est ad caloris
naturalis mitigationem et ad spiritus vitalis nutrimentum nec-
15 non ad spiritus animalis generationem. Custodia enim caloris
naturalis est frigidi aeris temperatus attractus et custodia vitalis,
ex cuius temperamento generatur spiritus animalis. Et ideo ad
vite conseruationem nichil est magis necessarium quam hanelitus
bene dispositus in omnibus et bene ordinatus. Hec omnia
20 habentur a Constantino Pantegni. Sine cibo enim et potu ad
horam potest consistere animal; sine attractione vero aeris nec
ad momentum potest animal in debita consistentia permanere.
Corrumpitur tamen hic hanelitus siue aeris attractus multis
modis: sequitur necessario destructio animalis primo ex cerebri
25 mala dispositione; nam cerebro quocumque modo in suo officio
impedito propter defectum influentie spirituum deficit cordis
dilatatio et debita constrictio. Vnde sequitur necessario animalis suffocatio, vt patet in apoplexia et in aliis causis consimilibus.
Item idem accidit ex cordis lesione, quando humorum ibi
30 naturaliter existentium fit euacuatio et per consequens spirituum
exinanitio; sic aeris attractio non habet locum. Item idem
accidit ex subita caloris naturalis ad interiora cordis repercussi-

15/11   *hanelitum,* i.e. *anhelitum*
/**15-16** *Custodia ... attractus:* 'the retention of natural heat is the
regulated attraction and the vital retention of cold air' etc.
/**20**   Constantinus, *Pantegni* IV.5-6 (pp. 87-8)

one, vt patet in timorosis et fleobotomatis, qui aliquando deficiunt et sincopizant. Item idem accidit ex epatis infectione; nam
35 corruptio epatis generationem auffert puri sanguinis, quo calor
naturalis nutritur, quo ablato spiritus vitalis deficit, et per consequens hanelitus particulariter vel vniversaliter impeditur. Item
idem accidit ex pulmonis perforatione, vt patet in ptisicis, in
quibus ventus attractus per occultos poros euanescit, ad tempe-
40 randum calorem cordis nullatenus satisfacit. Item idem accidit
in omni et maxime vacuitatum corporis subita repletione, vt
patet in submersis, in quibus poris opilatis hanelitus intercluditur
et simpliciter impeditur. Item ex nimia aeris corruptione, vt
patet in pestilenti et corrupto aere, quando spiritus vitalis suum
45 contrarium fugiens in interioribus cordis se includit et ex corrupto
aere iam oppressus cor et alia corporis membra regere non sufficit,
immo deficit in se et quasi subito euanescit et tunc mors. Item
ex humorum thoracis et pectoris infectiua corruptione, vt patet
in leprosis. Item ex viarum canalium pulmonis obstructione, vt
50 patet in asmaticis et hanelosis et in aliis. Item ex substantiali
cordis corruptione, sicut ex morsu alicuius venenosi reptilis,
cuius venenum ad cor penetrans naturalem calorem vincit, et sic
hanelitus via intercluditur. Item ex nimia calidi aeris rarefactione,
sicut contingit ex balneo nimis calido vel sole feruentissimo
55 poros nimis rarefaciente et aperiente; vnde fit nimia caloris
naturalis exalatio, et sic non sufficit aer frigidus attractus ad
caloris accidentalis mitigationem, et sic hanelitus impeditur.
13v Item idem / contingit ex aere nimis frigido lacertos et neruos
pectoris constringente; vnde et vis attractiua aeris impeditur, ut
60 patet in dormientibus super niuem. Item idem quandoque contingit ex vene cordis que dicitur concaua vena opilatione, qua
opilata et interclusa denegatur transitus siue via sanguinis ab
epate ad cor ad vitalis spiritus nutrimentum; vnde calore intenso
et humore subtracto animal suffocatur, quia non sufficit aer ad
65 cor refrigerandum. Item simile accidit ex colere vel alterius

/33   *fleobotomatis* (-are): 'those who have been bled'
/38   *ptisicis,* i.e. *phthisicis*
/50   *asmaticis,* i.e. *asthmaticis*

humoris in subtilissimis venis cordis intensione, vt patet in
acutis febribus, in quibus deficit hanelitus. Item ex gutturis et
aliorum meatuum exteriorum nimia et violenta constrictione,
vt est videre in suspensis et suffocatis, in quibus interempto
70   hanelitu cor subito incenditur, et sic animal subito moritur.
Hiis et aliis multis vitalis virtus per defectum hanelitus impeditur.
Ex virtute spirituali procedunt ira, pugna, jndignatio, emulatio,
et consimiles passiones, que quidem surgunt in brutis ex motu
spiritualis virtutis cum impetu et sine discretione sed in homini-
75   bus ordinande sunt et regende sub certa animi ratione. Hec de
spirituali siue vitali virtute sufficiant.

16.   <DE VIRTUTE ANIMALI>

Virtus animalis sedem et locum habet in superiori parte
hominis, scilicet in cerebro, et hec est triplex, scilicet ordinatiua,
sensitiua, et motiua. Ordinatiua per se solum explet cerebrum.
Nam in prima parte sui in anteriori cellula ordinat fantasiam
5   siue ymaginationem. In media cellula ordinat estimatiuam et
rationem. Et iterum in posteriori cellula perficit memoriam et
memoratiuam actionem. Nam virtus ymaginatiua illud quod
format et ymaginatur transmittit ad judicium rationis. Ratio
vero quod ab ymaginatiua recipit et quasi judex judicat et diffi-
10   nit ad memoriam transmittit. Memoria ea que fuerunt in intellectu posita recipit et, donec illa ad actum reducat, conseruat
firmiter et custodit. Secunda virtus, sensitiua scilicet, sic habet
formari. Nam spiritus animalis ab anterioribus ventriculis cerebri,
mediantibus quibusdam neruis qui sunt mollissimi, progreditur,
15   ex quibus sensus formatur. Vnde quidam diriguntur tamen cum
animali ad oculos, vt ibi formetur visus, quidam ad nares, vt
formetur olfactus, et sic de aliis. Sensus igitur visus subtilior

16/1-25   See Constantinus, *Pantegni* IV.9-10 (pp. 91-2), of which this
chapter is a summary.
/14   *mollissimi:* for the Galenic distinction between the sensory
and motor nerves (in his terminology the 'soft' and 'hard'
nerves respectively) see E. Nordenskiöld, *History of Biology*
(New York 1949) pp. 62-3.

est, cum sit eius natura ignea. Auditus sensus est aereus, quia
percussi aeris sonitus. Deinde subtilior est olfactus, cum sit eius
20   natura fumea. Deinde gustus, cum sit eius natura aquea. Postre-
mo sensus tactus grossior est omnibus, quia natura sua, cum sit
terrea, in duris, scilicet in ossibus et neruis, in asperis, lenibus,
frigidis, et calidis est necessaria. Horum sensuum singuli habent
sua officia, vt immutati et informati a suis obiectis, que sentiunt
25   vt sua sensata intellectui representant.

17.   < DE VIRTUTE VISIBILI>

Sensus igitur visus, cum sit igneus, est simplicissimus,
vnde et remotissima subito comprehendit. Sensus autem visus
sic formatur. Medio quippe oculi, scilicet in pupilla, est quidam
humor purissimus et lucentissimus, qui cristalloydes a phyloso-
5   phis est vocatus, eo quod more cristalli ad suscipiendas varias
colorum formas subito coaptatur. Visus enim est sensus colorum,
figurarum, et formarum, et proprietatum exteriorum susceptiuus
et discretiuus. Vnde ad visum perficiendum sunt hec necessaria:
scilicet causa efficiens, organum siue instrumentum conueniens,
10   exterior res operans siue aer deferens, anime intentio, et motus
mediocris. Causa efficiens est virtus animalis. Instrumentum est
humor cristallinus in vtroque oculo collocatus, clarus et rotundus.
Clarus est, vt sua claritate spiritum et aerem oculus irradiet;
rotundus, vt minus sit passibilis, quia forma rotunda in lateribus
15   elisa angulos non habet, in quibus contineatur superfluitas pre-
stitura lesionem. Exterior res cooperans est aer, sine quo mediante visus non potest perfici; vt enim visus perficiatur, in quibusdam animalibus aeris claritas exigitur, in quibusdam vero obscuritas, in quibusdam vero mediocritas. Nam <in> murelegis
20   exigitur obscuritas, in vespertilionibus et in quibusdam aliis

17/4   *cristalloydes,* i.e. *crystalloides:* known also as *humor glacialis*
by medieval ophthalmologists.
/19   *murelegis:* on the cat see *DPR* XVIII.74 where the author
says 'ita peracute uidet vt fulgore luminis noctis tenebras
superet.'
/20   *vespertilionibus:* on the bat see *DPR* XII.38.

volatilibus medi<o>critas, vt post patebit. Item attentio etiam
anime est necessaria; dum enim circa rem aliquam inuestigandam
alio sensu est intenta, oculus minus perfecte videt, quia de re
visa non judicat. Item necessarius est motus mediocris; si enim
25   moueretur res visa ex multo impetu, visus confunderetur et ex
motu nimio et continuo dispergeretur, vt patet in remo fracto
apparente in aqua propter motum aque velocem. Sic etiam aliquod signum oblongum velociter motum apparet rotundum.
De visu vero qualiter fiat, fuerunt apud veteres varie opiniones.
30   Fit autem secundum phylosophum, vt patet ex primo et tertio
Perspectiue, tripliciter visus. Vno modo per directas lineas,
super quas venit species rei vise ad visum. Alio modo super
reflexas, quando scilicet primo multiplicatur species a re ad
speculum, et a speculo fit reflexio ad visum. Tertio modo fit
35   per lineas, que licet non sint reflexe ab aliquo sed diriguntur
inter rem et visum, non tamen vadunt incessu recto semper sed
aliquando diuertunt a via recta, quando scilicet medium multiplex interponitur. Et sunt ista media diuersarum dyaphanitatum,
vt quando vnum est densius et aliud rarius, id est minus densum
14r   et rarum. / Aliquando enim occurrit medium alterius nature,
sed frangitur radius siue species radiosa, nisi veniat super lineam
cadentem perpendiculariter super illud medium secundum
occurrens. Et voco lineam cadere perpendiculariter super corpus
planum ad angulos rectos; super corpus spericum vero quando
45   cadit in eius centrum. Ad visum autem primo modo dictum IX

17/30   *phylosophum:* the 'Philosopher' in the first half of the thirteenth century was not always Aristotle; here the reference is
to Ibn al-Haitham (or in Latin Alhazen), possibly the greatest
Muslim physicist and author of the most influential treatise
on optics in the Middle Ages; he died in Egypt in 1039 or
soon after. See Sarton, *Introduction* I, 721-3.

/31   Alhazen, *Perspectiva* VII.1, in *Opticae thesaurus,* ed. F. Risner
(Basel 1572) p. 231; the title *Op. th.* was assigned by Risner,
the work being known in the Middle Ages as *De aspectibus* or
Perspectiva.

/44   *spericum,* i.e. *sphaericum*

/45-6   Alhazen, *Persp.* I.7 (p. 22); Alhazen, however, lists only six

precipue exiguntur, sicut habetur ibidem. Primum est sanitas
siue bona dispositio organi visus. Secundum est oppositio visibilis contra visum, quia visus tali modo videndi non videt nisi rem
illam cuius partibus venit species super lineas rectas cadentes in
50   centrum oculi, que omnes linee ducte a singulis partibus rei
faciunt vnam piramidem, cuius conus est in pupilla et basis in re
visa, vt patet in hac figura. Tertium est distantia proportionalis.
Quartum est situs determinatus non nimis ab axe visuali elonga-
tus, quia illud quod multum elongatur ab axe, licet visui oppo-
55   natur, tamen distincte non cognoscitur. (Axis visualis est radius
ille siue linea que intelligitur duci a medio visus ad punctum rei
vise directe ad oppositum in medio visus, vt patet in hac figura:

60

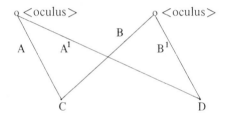

65   A etenim et B sunt axes, quando videns directe intuetur punctum
C; quando vero intuetur punctum D, tunc ille due $A^1 B^1$ line<e>
exeuntes ab oculis dicuntur axes, quia exeunt immediate ab oculi

            conditions necessary for vision in this chapter.
    /51   *piramidem:* 'In works translated from Arabic the term "piramis"
            is used even when the figure has a round base and hence could
            aptly be designated by the term "conus",' *John Pecham and
            the Science of Optics: 'Perspectiva communis',* ed. and tr. D.C.
            Lindberg (Madison 1970) p. 243, n. 8.
            conus: the apex of the pyramid or cone
    /52   *hac figura:* the diagram is missing in all the MSS I examined.
            proportionalis: 'suitable' or 'appropriate'
    /58-64 The illustrating diagram in the margin of *A* makes no sense; nor
            did any of the other MSS or printed editions that I examined
            shed any light. I was left no other choice but to emend the
            text and modify the diagram. I wish to thank Prof. David Lind-
            berg for struggling over the problem with me.

medio ad rem visam.) Quintum est soliditas seu densitas rei vise,
quia quod est omnino peruium non videmus; vnde et aer non
70   videtur eo quod est in fine dyaphanitatis et non habet densita-
tem, vt dicit auctor scientie perspectiue. Sextum est magnitudo
debita rei visibilis, quia res potest esse ita parua quod non vide-
bitur in aliqua distantia, quia visus non est nisi per piramidem
ad oculum venientem. Que si fuerit valde parua, occupabit
75   partem visus valde paruam. Sed visus non sentit visibilem, nisi
quando pars sue superficiei immutata fuerit quantitate visibili.
Septimum est raritas medii intercidentis, quoniam si medium
fuerit densum, impedietur multiplicatio speciei, vt non veniat
debito modo et de facili ad pupillam. Octauum est lux, quia
80   species visibilis non immutat visum nisi cum luce. Nonum est
tempus, quia visio fit in tempore, sicut probatur in *Perspectiua;*
quamuis enim visibile subito ostendatur, visui non tamen discre-
tiue cognoscetur nec distincte nisi aliqua habita anime delibera-
tione, que mora indiget et tempore. Et ideo attentio anime est
85   etiam necessaria cum predictis, vt supradictum est. Preterea
secundum phylosophum non solum venit species rei ad visum
secundum piramidem visualem, sed species visus ad rem super
consimilem piramidem extensam in eodem loco. Dicit etiam
Aristoteles in XIX° libro *De animalibus,* quod nichil aliud est
90   visum videre quam quod visus [quod] exeat ad rem visam. Et
ideo wlt Augustinus I° libro *Super Genesim* et VI° *Musice.* A
re autem visa nichil venit nisi species eius, neque a visu ad rem
venit aliud quam species eius; nichil enim exit de oculi substantia, quia corrumperetur, sed exit ab oculo conus piramidis,
95   et dilatatur eius basis super totam superficiem rei vise. Item
probat auctor *Perspectiue* in libro I, quod nichil videtur nisi per

17/71   Alhazen, *Persp.* I.7 (p. 23)
/81   Alhazen, *Persp.* I.7 and II.11 (pp. 22 and 37-8)
/89   Aristotle, *De generatione animalium* V.1.781a3-5; the
Stagirite is here quoting 'some people' – specifically Plato
(*Timaeus* 45B).
/91   Augustine, *De Genesi ad litteram* XII.16 (PL 34.466); *De
musica* VI.5 (PL 32.1169)
/96   Alhazen, *Persp.* I.5 (pp. 7-17)

lucem orientem super rem visam ab eadem vsque ad oculum
multiplicatam. Vnde necessaria exigitur tercia piramis, scilicet
ipsius lucis; et omnium istorum trium piramidum coni sunt in
100 oculis, et bases in re visa. Quando ergo visus habet species veni-
entes super has tres piramides, tunc transit species lucis et coloris
per medium tunicarum et humorum oculi vsque ad humorem
cristallinum. Et ibi incipit anima facere judicium de re visa per
speciem illam, sed ibi non completur; immo vlterius multiplica-
105 tur species vsque ad neruum obticum siue concauum, qui latet
in superficie cerebri. Et ibi est virtus visiua in radice et subiecto
primo principali et vno; aliter enim vna res semper videretur due
propter duos oculos, nisi continuare[n]tur ad vnum organum in
quo fit vna <virtus> fontalis deriuata ad pupillas. Hec omnia
110 ostendit auctor *Perspectiue*. Aliam rationem visus ostendit et
assignat Constantinus libro III, capitulo XI. Dicit enim spiritum
visibilem, oculum et aerem corpora esse clara que irradiatione
quadam mutua se inuicem irradiando immutant. Aer enim, qui
est juxta rem videndam, ab eius proprietatibus immutatur; et
115 sic immutatus oculo se offert, a quo spiritus visibilis immutatur.
Nam ista virtus visiua vsque ad extremas partes pupille se dif-
fundens aeri immutato adiungitur et quasi vnum cum illo efficitur; et anime judicio color mediante aere delatus anime repre-
sentatur. Aer enim ex varietate formarum sibi subiectarum facile
120 immutatur, sicut videmus ex obiectu panni rubei ad solis radium
vicinum aerem colorari. Vnde non est mirum si oculum clarum
et dyaphanum sibi immediate coniunctum qualitate et forma
consimili afficiat et immute<t>. Quantum igitur sufficit ad
presens opusculum, breuiter recollige quod virtus visibilis vel
125 visus ceteris sensibus est subtilior et viuacior; a viuacitate visus
nomen accepit, vt dicit Ysidorus. Item ceteris sensibus est dignior,
et ideo secundum situm aliis est superior. Item in effectu tamquam quedam ignea vis aliis est potentior, quia alii sensus pro-
pinquiora, hic vero sua virtute remotissima comprehendit; sub

/110   Alhazen, *Persp.* I.5 (pp. 7-17)
/111   Constantinus, *Pantegni* IV.11 (pp. 92-3)
/126   Isidore, *Etym.* XI.1.21

130   angulo recto et piramid<al>i visa diiudicat et discernit; secun-
        dum nobiliorem naturam <et> dispositionem organi faciliori
        modo inter videnda distinguit. Vnde dicit Aristoteles libro XII
        quod visus bonus et acutus erit ex humore temperato. Vnde et
        aues, vt aquile, vncorum vnguium sunt acuti visus, et hoc
14v   propter purum et subtilem humorem et tem/peratum in organis
        visus existentem. Et tales aue<s> a remotis et altissimis locis
        vident cibum; et tales aues altius se eleuant in aere quam alia
        volatilia. Aues vero in terra manentes non sunt tam acuti visus;
        vnde de prope et non de longe vident cibum suum. Item idem
140   libro XIX: 'Oculi glauci non sunt acuti visus de die neque
        nigri de nocte. Propter paucitatem autem humorum oculus
        glaucus mouetur motu maiori; vnde virtus visiua debilitatur.
        Nigri autem oculi mouentur minus propter multitudinem
        humoris, et lumen noctis est debilius, et humor in nocte est
145   naturaliter grauis motus.' Et ideo spiritus visibilis intercluditur
        per humorem et impeditur. Item idem visus senum non est
        acutus, quoniam senum cutis est rugosa. Ex quo patet quod ex
        bonitate organi vel debilitate debilitatur vel fortificatur vis
        videndi. Vnde dicitur ibidem: 'Cum oculi animalium habent
150   coopertorium, et fuerit humor in pupilla mundus et temperatus,
        et motus etiam temperatus, et cutis super pupillam tenuis, tunc
        visus est acutus et videt a remotis, sed tamen non perfecte
        distinguit a remotis inter colores et differentias corporis. Visus
        tamen talium animalium melior est visu eorum quorum humor
155   in oculis est mundus et non habent coopertorium omnino.'
        Nam propter continuam apertionem spiritus visibilis disgrega-
        t<ur>, et pupilla etiam de facili leditur, et sic visus impeditur.
        In habentibus vero palpebras et coopercula patet causa contra-
        ria. [Cum] dicitur etiam ibidem quod causa acuti visus in

---

17/132   Aristotle, *De partibus animalium* II.13.657 b 22-9
  /139   *de prope ... de longe:* 'near at hand and not from afar' etc.
  /140   Aristotle, *De gen. an.* V.1.779 b 34-780 a 9
  /146   See Aristotle, *De gen. an.* V.1.780 a 31-3.
  /149   Aristotle, *De gen. an.* V.1.780 b 22-9
  /158   See Aristotle, *De part. an.* II.13.657 a 31-5
  /159   Aristotle, *De gen. an.* V.1.780 b 34-781 a 13

160 videndo a remotis est propter situm oculorum. Nam oculus
eminens est parui visus et non videbit bene a remotis; sed oculus
profundus videt a remotis. Nam motus eius non diuiditur nec
consumitur, sed exit ab eis recte virtus visibilis et vadit directe
ad res visas. Vnde cum extra oculum non fuerit cooperculum,
165 necessario debilitatur visus, nec videbit a remotis nisi debiliter.
Hucusque Aristoteles libro XII et XIX. Et hec sufficiant que de
visus proprietatibus generaliter iam sunt dicta. Nam alia patebunt
infra vbi de natura et proprietate oculi tractabitur.

18. < DE AUDITU >

Virtus audibilis in aurium organis suum sortitur effectum.
Est enim auditus sensus proprie sonorum perceptiuus. Vnde ad
perficiendum auditum IIII^{or} ad minus sunt necessaria, scilicet
causa efficiens, organum conueniens, medium ordinatum sonum
5 deferens, anime intentio de hiis conferens vel hiis intendens.
Causa efficiens est virtus animalis audibilis. Instrumentum conueniens est quoddam os petrosum siue cartillaginosum auribus
suppositum, quod quidem est concauum, siccum, et tortuosum,
et durum. Concauum est, siquidem auditus organum, vt in sui
10 concauitate spiritum et aerem contineat. Tortuosum est, ne
stupor ex subita et vehementi allisione natus spiritum audibilem
ledat; et ideo organi circularitate sonus temperate susceptus
spiritum audibilem non reuerberat, sed perficit et delectat.
Durum etiam est et siccum, vt sic in eo melior et fortior fiat
15 aeris allisio. Et sic sonitus maior fiat, vt patet de tympanis, que
melius resonant flante borea, vento scilicet frigido et sicco, quam
austro, humido atque lento, vt dicit Constantinus et etiam
Aristoteles. Medium vero deferens est aer percussus, qui aurium
foramina subintrat et allidit os petrosum, quod est primum
20 auditus instrumentum. Est etiam necessaria anime intentio, quia

17/168 See *DPR* V.5 (*de oculis*) where the author's principal source is
Constantinus.
18/17 Constantinus, *Pantegni* V.8 (pp. 106-7)
/18 See Aristotle, *Meteor.* II.8.368a14-26

quamdiu sollicita est et intenta ad diuersa, minus viget ad perficiendum virtutis audibilis actionem: sicut videmus a multis
vndique circumdatis, quia fere nichil audiunt, cum mens ad
singula suam non habet attensionem, et ideo nichil percipit
25 tunc auditu. Fit autem auditus hoc modo: duo nerui ab interiori
parte cerebri exeuntes in ossibus petrosis aurium infiguntur, per
quos spiritus animalis ad ossa defertur predicta, quibus exterior
aer formam alicuius soni referens [et] immediate coniungitur.
Vnde aer percussus ossa illa allidit, et spiritus in eis existens
30 secundum proprietatem aeris ibi existentis et neruos allidentis
immutatur. Spiritus sic immutatus, recurrens ad suam cellulam
fantasticam, immutationem anime representat, et sic auditus
perficitur. Patet igitur quod auditus merito dicitur aereus eo
quod per aerem repercussum habet semper generari. Inde est
35 quod natura posuit sensum auditus in medio rotundi capitis, vt
dicit Aristoteles libro XII, quia auditus circulariter et non
directe aeris sonu<m> percussi vndique apprehendit. Hic
etiam sensus, sicut et ceteri, contristatur, quia corrumpitur in
extremis et in mediis delectatur et saluatur. Vnde dicit Ambro-
40 sius in *Exameron* incolas regionis vbi oritur Nilus auditu esse
penitus priuatos propter fragorem et strepitum horribilem,
quem idem fluuius de montis precipicio corruens incolarum
auribus incuttere consueuit. Hic etiam sensus, sicut et ceteri,
multis subiacet passionibus, quia quandoque totus aufertur, et
45 tunc surditas vocatur; et quandoque minoratur, et tunc grauitas
auditus nominatur; quandoque autem cursum suum egreditur.
Causa autem passionis quandoque est ex vicio cerebri <siue>
15r ipsius / nerui, qui est via auditus, et hoc quia opilatus vel quia
aliquo morbo officiali aggrauatur. Item ex vicio ipsarum aurium,
50 quia quandoque a diuersis humoribus corrumpuntur; quandoque putredines in suis concauitatibus coadunantur; quandoque
lapides vel alia, que transitum aeris ad spiritum audibilem
impediunt, immittuntur; quandoque ex titillatione vermium et
corrosione et nerui audibiles molestantur; quandoque etiam ex

18/36   Aristotle, *De part. an.* II.10.656b27-30
/40   Ambrose, *Hexaemeron* II.7 (CSEL 32.45-6)

55 aere corrupto calido vel frigido instrumenta auditus inficiuntur
et leduntur; quandoque etiam ex grossa ventositate in poris
neruorum sensibilium interclusa via auditus impeditur, vt patet
in illis quibus videtur quod audiant fistulas, cornua, aut campa-
nas. Ex quibus omnibus virtus auditiua leditur vel aufertur,
60 sicut in tractatu aurium post dicetur.

19. < DE OLFACTU>

Olfactus siue odoratus est sensus proprie odorum perceptiuus, ad quem perficiendum exigitur spiritus animalis tamquam causa efficiens. Necessarium autem est organum expediens,
scilicet narium perfecta dispositio, in quibus sunt caruncule ad
5 modum mamillarum dependentes, que sunt propria organa
odoratus et recipiunt spiritum naturalem per quosdam neruos a
cerebro descendentes. Nares enim non sunt proprie instrumenta
olfactus; que sunt cartillaginose et ideo sunt insensibiles, quod
patet quia eis abscisis non priuatur animal odoratu. Similiter
10 nos per fetida loca transeuntes, si flatum represserimus subin-
trantem nares, aerem fetidum non sentimus — et hoc est quia
ille caruncule opilate quasi quodam motu voluntario sunt
obstructe. Sunt etiam hee caruncule concaue et spongiose; ideo
concaue, vt in sua concaua porositate fumum a re odorabili
15 recipiant resolutum; ideo etiam sunt spongiose, vt in eis vigeat
virtus attractiua. Et ideo necessaria est exterior aeris cooperatio,
vt scilicet aer secundum fumositatem a re odoranda resolutam
immutetur, in ipsis carunculis incorporetur. Vnde sic habet fieri
odoratus: spiritus animalis per quosdam neruos, qui dicuntur
20 odorabiles, ad predictas carunculas a cerebro transmittuntur;
fumus autem corporis odoriferi resolutus aeri admiscetur, quia
cerebri ventriculi per illas duas carunculas sibi attrahunt et in
suam similitudinem mutant et conuertunt. Et sic per illam
immutationem in spiritu animali factam odoris discretio pro-
25 creatur. Odoratus autem spectat ad fumosam naturam seu
materiam, quoniam habet per eam fieri. Odor enim nichil aliud

---

18/60 *in tractatu aurium:* see *DPR* V.12 (*de auribus*).

est quam aerea siue fumosa substantia a corpore resoluta. Hunc
aerem fumosum seu vaporem sibi necessarium et amicabilem
attrahit cerebrum, sic<ut> cor hanelitum; et huius aeris attra-
30   ctu cerebrum temperatur et confortatur, sicut calor cordis
attractione hanelitus mitigatur. Vapor enim si fuerit maliciosus,
fetidus, et corruptus, spiritum animalem corrumpit et sepius
pestiferos morbos generat et inducit. Vnde olfactus in suo
effectu sepius impeditur: quandoque propter malam cerebri
35   complexionem; quandoque propter humorum crudorum vel
corruptorum in neruis odorabilibus nimiam repletionem, vt
patet in patientibus fluxum narium seu catarrum; quandoque
propter prauam instrumentorum olfactus dispositionem, quandoque scilicet nimis dilatantur vel nimium constringuntur; quando-
40   que propter superfluam carnis superexcrescentis opilationem,
vt patet in poliposis; quandoque propter apostematis siue
cuiuscumque humoris corrupti infectionem; quandoque propter
alicuius humoris calidi et sicci corrosionem, vt patet in cancrosis
et huiusmodi. Hic sensus propter sui subtilitatem, quando bene
45   disponitur, virtutem animalem confortat et a fumositate superflua euacuat; et econtrario quando corruptus est aliquo casu vel
infectus, virtus animalis leditur et in suis actionibus impeditur.
Dicit etiam Aristoteles libro XII, quod sensus olfactus non est
nisi per actionem aeris in animali habente nasum, qui est mem-
50   brum in medio aliorum sensuum positum in anteriori parte
capitis propter juuamentum hanelitus. Omne enim animal
habens pulmonem habet nasum vel aliud loco nasi propter
hanelitus juuamentum. Vnde patet quod organum olfactus non
solum est animalibus ad decentiam et decorem, verum etiam ad
55   perficiendam virtutem spiritus animalis et ad tribuendum
virtuti vitali in corde adiutorium et vigorem. Hec virtus, scilicet
odoratiua, viget in quadrupedibus — vnde et solo odore discer-

19/35   *complexionem:* the compound of elements from which a
body is formed is called its complexion, the quality and func-
tion of which is determined by its preponderant element;
hence also 'constitution' or 'temperament.'
/48   Aristotle, *De part. an.* II.10.657a6-11

nunt inter herbas salubres et venenosas — et precipue in simiis,
que eque vel magis discernunt inter cibos et cibos per olfactum
60 quam per gustum. Deinde maxime viget in canibus illa virtus,
que solius odoris ducatu ad sentiendum animalium vestigia viuacitate olfactus infallibiliter deprehendunt. Viget etiam in volatilibus, precipue in wlturibus, quod secundum Ambrosium in
Exameron et Ysidorum libro XII, capitulo VIII, ita sunt viuacis
65 olfactus quod vltra maria cadauera sentiunt. In hiis ergo et in
aliis operationis nature conditionibus admiranda est diuina
sapientia, que per ista et talia consimilia dat nobis quodammodo
intelligere qualiter per ista sensata materialia ad intellectum
15v eorum que sunt supra sensum sint paulatim / cordis interiora ad
70 intelligentiam spiritualium promouenda. Et propter hoc simpliciter est in hoc opusculo mea intentio et finis meus.

20.   < DE GUSTU >

Gustus est sensus proprie saporum perceptiuus. Ad quem
gustum sensibiliter perficiendum necessaria sunt illa causalia,
effectiua, materialia, et informatiua, que etiam in aliis sensibus
iam sunt dicta. Nam virtus animalis est causa efficiens, causa
5 materialis et instrumentalis in lingua propria cum suis attenciis,
spiritum animalem ad perfectionem virtutis gustabilis perficiens.
Que quidem lingua secundum sue <substantie> complexionem
est concaua, porosa, humida, et insipida. Concaua quidem est,
vt sui concauitate humorositate<m> rei gustabilis resolutam in
10 se suscipiat. Porosa, vt quod esset grossum vel subtile de re
gustanda ad neruos lingue libere subintraret, et vt virtus actiua
ad perficienda eadem plus vigeret. Humida quidem fuit, vt
cooperaretur ad acceptorum dissolutionem: vt si aliqua sicca et
dura forsan lingue vel palato applicarentur, humiditate lingue
15 ad digestionem siue qualemcumque resolutionem facilius apta-
rentur. Erat etiam et insipida, vt esset cuiuslibet rei et saporis

19/61   *que:* i.e. *canes* (common gender)
/63   Ambrose, *Hexaemeron* V.23 (CSEL 32.198-9)
/64   Isidore, *Etym.* XII.7.12

facilius receptiua, sicut et aqua que, si determinatum saporem
haberet, alterius qualitatem percipere non valeret. Fit autem
gustus hoc modo: duo nerui in medio lingue infiguntur, qui
20 postmodum in multos ramos in extremitatibus lateralibus lingue
disperguntur, et per eos spiritus animalis <ad> linguam defertur. Cum ergo res gustanda subintrat linguam vel poros
neruorum, spiritus animalis existens ibi immutatur secundum
eas proprietates, quas postea anime iudicio representat. 'Gustus
25 ergo tanto olfactu grossior est quanto fumus aqua subtilior
inuenitur, quia odoratus natura est fumosa; gustus autem sensibilitas humectatio est aquosa,' vt dicit Constantinus. Hic sensus
animali perutilis est ad indiuidui conseruationem. Gustu enim
corrupto et ablato vis nutritiua deficit, et sic substantia animalis
30 paulatim perit. Gustus autem corrumpitur quando sua instrumenta leduntur, vel quando corrupti humores in ipsis dominan-
tur. Et hoc fit quando saporanda non sentit, vel quando saporanda sub propria qualitate non apprehendit; et hoc accidit
quando singularis humor in lingue substantia[m] <dominatur>:
35 verbi gratia, si predominatur colera rubea, omnia sentit amara;
et si salsum flegma, sentit salsa; et sic de aliis, vt patet in febri-
citantibus, in quibus dominium corrupti humoris gustum inficit
et corrumpit. Immutatur etiam quando leditur per maliciam rei
que gustatur, vt patet in aloe et in aliis nimis amaris, quorum
40 horrore gustus asperatur. Delectatur autem gustus in dulcibus
propter illam quam habet cum dulcedine assimilationem, quia
dulcedo, que <fundatur> super calidum et humidum, [que]
similis est omnibus membris que dulcibus maxime nutriuntur.
Dulcia enim multi sunt nutrimenti et de facili membris assimi-
45 lantur, sicut dicit Ysaac in *Dietis*.

20/27   Constantinus, *Pantegni* IV.14 (p. 94)
/45   Isaac Judaeus, *Liber dietarum universalium* X, in *Omnia
opera,* ed. Andreas Turini (Lyons 1515) f. 26r; Isaac was a
Jewish physician and philosopher who flourished in Egypt
in the tenth century.

21. < DE TACTU >

Tactus est sensus specierum tangibilium perceptiuus. Nam
virtute tactus anima apprehendit calidum et humidum, frigidum
et siccum, molle et durum, lene et asperum. Vel secundum
Auicennam, tactus est vis ordinata in neruis totius corporis ad
5 comprehendendum quid tangit. Hic autem sensus, licet sit in
omnibus partibus, principaliter tamen viget in volis manuum et
plantis, quas natura temperatas ista composuit ratione, vt scilicet
calida et frigida facilius persentirent. Sunt autem hee parte<s>
concaue, neruose, et temperate. Ideo autem concaue, vt tangenda
10 melius percipiantur et tenenda melius teneantur. Neruose, vt
ibi vigeat sensibilitas, quia omne neruosum est sensibile. Temperate, vt a qualibet re temperata facilius immutentur. Obiectum
itaque siue sensatum tactus dici potest compositio primarum
qualitatum et quedam consequentia ad illas, vt asperum, lene,
15 durum, molle. In horum extremis sensus tactus leditur, vt patet
in nimis calido et nimis frigido. In mediis natura delectatur, vt
in tepido. Ad istum autem sensum perficiendum exiguntur ista:
scilicet causa efficiens, et hec deriuatio est spiritus animalis ad
organa tactus. Item instrumentum conueniens, et hoc est duplex:
20 scilicet nerui de cerebro egredientes singulis membris animalem
spiritum deferentes; secundarium vero instrumentum est caro,
in qua nerui inuoluti sunt et infixi, per quos virtus tangibilis
operatur. Nam ipsis mediantibus species rei tangibilis anime
judicio deportatur. Item tertium exigitur: scilicet exteriorum
25 cooperatio, que necessaria est vt res tangenda organo tactus
appropinquet; ex cuius appropinquatione spiritus animalis in
carne et neruis existens immutetur, et immutatus proprietatem
rei tacte representet, et sic sensus iste in sua actione fit comple-
tus, vt dicit Constantinus. Hoc autem proprium sensus tactus
30 quod omnes alii sensus habent singulare membrum et organum

21/4   See Avicenna, *Canon de medicina* I.ii.VI.5, tr. Gerard of
         Cremona (Venice 1486) f. 29r.
/29   Constantinus, *Pantegni* IV.15 (p. 94)

sue actioni specialiter deputatum; solus autem tactus est generaliter in membris omnibus, exceptis pilis et crinibus et pedum
ac manuum vnguibus, in quibus non est neruus et per consequens neque sensus. Hic sensus pre omnibus aliis magis est
35 terrestris atque grossus, et ideo aspera et dura et ceteras huiusmodi terrestres passiones sensibus aliis similitudinis gratia perfectius comprehendit. Hic sensus, quamuis aliis sensibus ratione
obiectorum videatur grossior esse, subiecto tamen aliis judica-
16r tur / esse vtilior, quia quamuis alii sensus possint aliqualiter
40 esse sine tactu, tamen bene et complete esse sine tactu est impossibile, vt dicit Phylosophus. Vnde generalior est tactus
ceteris, tum quia per omnes particulas corporis diffunditur,
tum quia omnibus aliis sensibus cooperatur precipue gustui.
Hii enim duo sensus, scilicet gustus et tactus, sunt magis continui
45 cum ipso corde, et ideo sunt magis de esse animalis, et de suis
sensatis judicant expressius et obiectis. Omne enim membrum
habet vnum neruum vel duos, quibus sensus tactus et motus
voluntarius perficitur et completur, sicut in anathomia Constantini jnuenitur. Leditur autem iste sensus tactus quandoque
50 sicut et superiores; quandoque autem ex toto aufertur, vbi
sensus et motus voluntarius penitus amittentur, vt contingit in
membris paraliticis et contractis. Item quandoque minoratur,
sicut quando aliquod membrum obdormire dicitur, quando
scilicet propter aliquam opilationem vel membri constrictionem
55 spiritus sensibilis libere per membrum transire non permittitur.
Leditur etiam a mala cerebri complexione, vt patet in epilinpticis, qui hora accessionis et tactum ignis non aduertunt. Sepe
etiam patitur ab extrinseca aeris immutatione, vt in digitis
nimio frigore constrictis, in quibus motus voluntarius impeditur;

21/41   Aristotle, *De anima* III.12.434b9-24 and 13.435a11-b26
/48-9   Constantinus, *Pantegni* VI.16 (p. 156): Bartholomaeus most
probably found the reference to the *anathomia Constantini*
in the text here cited; Constantinus concludes the statement
which our author paraphrases with the remark 'sicut in anatomia de nervis diximus.' At any rate no treatise by that
name survives among the works attributed to the African.
/56-7   *epilinpticis,* i.e. *epilepticis*

60   vnde vnus alium constringere non potest. Item quandoque ex
partium corporis incisione; nam membrum a corpore precisum
nichil omnino sentit, etiam si contusum fuerit penitus vel com-
bustum. Item membrum etiam manens in corpore, si fuerit aliquo casu mortuum vel putrefactum, sensu tangibili omnino
65   priuatur; tanto enim sensus tactus grauius patitur, quanto pro-
fundius in neruis sensibilibus wlneratur. Item cum dolor sensus
sit rei nociue contingens ex partium discontinuatione, res in-
ferens dolorem membro maxime ledit tactum et maximam
infert corpori passionem et grauem efficit immutationem. Nam
70   omne sensatum immutationem facit in organo sensitiui sui, vt
dicit Phylosophus. Item plures immutationes faciunt sensata
tactus quam aliorum sensuum; grossior enim est et materialior
ceteris sensibus, et ideo fortius retinet impressiones conuenientis
vel inconuenientis. Item quia tactus est sensus vniuersaliter
75   adherens singulis partibus animalis, ad vniuersalem destructio-
nem tactus destruitur subiectum totius animalis. Non sic est de
aliis sensibus. Destructo enim sensu visus alie virtutes animalis
propter hoc non destruuntur, immo quandoque in suis actionibus
fortius intenduntur. Sed destructo tactu destruitur omnis sensus.
80   Vnde patet quod sensus tactus est substratum omnium aliorum
sensuum et fundamentum. Item cum IIII^{or} sensus alii singuli
singularem et proprium sensatum habeant et obiectum, scilicet
quod sic cadit in vno sensu quod non in alio, sicut color in visu,
sapor in gustu, et cetera, solus tactus est qui omnibus aliis orga-
85   nis sensuum suas imprimit passiones. Est enim commune omnibus
sensibus, quia propria habent obiecta et sensata, in quibus non
errant nisi casu. Propter quedam ei accidentia contingit sensum
particularem errare, quia, vt dicit Aristoteles, huiusmodi sepe
faciunt fantasiam mentiri, vt patet in visu, qui judicat stellam
90   magnam esse paruam propter magnam distantiam situs, et
gustus, qui dicit amarum dulce et econtrario propter palati infectionem; et sic de aliis contingit. Commune igitur est et generale
quod omnes [recipit] sensus particulares exteriores a communi

/71   Aristotle, *De anima* III.12.434b25-435a10 and 13.435a16-20
/88   See Aristotle, *De anima* III.3.428b3-429a9.

95   sensu interiori, tamquam linee quedam a centro, particulariter
      exeunt et secundum varias eorum passiones organa sensitiua
      perficiunt et suorum sensatorum formas et similitudines ad
      sensum communem singulariter reducunt; quo mediante de
      singulorum proprietatibus et differentiis, quantum eorum actioni
      congruit, judicant et discernunt. Et hec dicta de proprietatibus
100   virtutum et sensuum iam sufficiant.

      **22. < DE HIIS QUE EXIGUNTUR AD PERFECTIONEM
             NATURE >**

      Sicut ad regimen nature exiguntur sensus et virtutes, ita
      ad perfectionem eiusdem exiguntur necessario spiritus quidam,
      quorum beneficio et motu continuo tam sensus quam virtutes
      in animalibus moderantur, vt suas peragant actiones. Dicitur
5   autem spiritus, prout hic sumitur, quedam substantia subtilis,
      aerea, virtutes corporis excitans ad suas peragendas actiones.
      Vel sicut dicitur in libro *De differentia spiritus et anime:*
      'Spiritus est quoddam corpus subtile vi caloris generatum, in
      humano corpore per venas corporis viuificans, et per arterias
10   pulsabiles hanelitum, vitam atque pulsum animalibus admini-
      strans, sensum et motum voluntarium mediantibus neruis et
      musculis operans in corporibus animatis.' Hic spiritus secundum
      medicos sic habet generari: dum per calorem agentem in san-
      guinem fortis in epate fit ebullicio, fumus quidam resoluitur,
15   qui ex venis epatis subtiliatus et depuratus in quamdam subtilem
      et spiritualem substantiam siue aeream naturam commutatur;
      qui spiritus naturalis dicitur eo quod sua potestate naturaliter
      sanguinem subtiliat et leuitate sua ipsum ad singula membra

22/2   *spiritus:* in Galen's system 'spirit' or 'pneuma' was the subtle
           half-airlike, half-firelike substance which dwelt in the blood
           and made possible all activities associated with life; see C.
           Singer, *History of Biology* (New York 1959) pp. 104-5.
/7   Costa ben Luca, *De differentia spiritus et animae* 1, ed. C.S.
           Barach in *Excerpta* (Innsbruck 1878) p. 121
/12-13 *secundum medicos:* actually a summary of Constantinus'
           treatment in *Pantegni* IV.19 (p. 96)

impellit et agitat. Et ideo iste spiritus est virtutis naturalis pro-
20   prie regitiuus, vt dicit Constantinus. Hic idem spiritus per venas
quasdam ad cor mittitur, vbi per collisionem et motum partium
cordis ad inuicem magis depuratur et in naturam subtiliorem
conuertitur. Et tunc spiritus vitalis a physicis nuncupatur eo
quod a corde per arterias ad totius corporis membra se diffundit
25   et spiritualem virtutem augmentans eius operationes rectificat
et custodit. Nam quedam arteria a sinistro cordis ventriculo
exiens in suo motu mox in duos diuiditur ramos. Quorum vnus
tendit ad inferiora in plurimos diuisus ramos, quibus mediantibus
16v   spiritus vitalis ad omnia inferiora / membra viuificanda in corpore
30   deportatur. Alter vero ramus tendens ad superiora diuiditur
iterum in tres ramos, quorum dexter ad dextrum brachium,
sinister ad sinistrum equaliter se diffundit. Et arteriis sic diuersimode bifurcatis transfunditur spiritus vitalis per totum corpus
et vitalem in arteriis pulsum operatur. Medius vero ramus ad
35   cerebrum se extendit et superiores partes viuificans vitalem
spiritum in omnibus partibus circumfundit. Idem vero spiritus
ad ventriculos cerebri vlterius penetrans ibidem plus digeritur
et subtiliatur; in essentiam animalis spiritus, qui subtilior est
ceteris, transmutatur. Iste igitur spiritus animalis in anteriori
40   ventriculo cerebri generatus particulariter diffunditur per organa
sentiendi; nichilominus pars remanet in eisdem ventriculis, vt
sensus communis et ymaginatiua virtus perficiatur. Deinde
transit ad medium ventriculum, scilicet ad cellulam logisticam,
ad perficiendum intellectum. Formato autem intellectu transit
45   ad puppim siue ad cellulam memorialem, impressiones in aliis
cellulis factas secum deferens, vt in thesauro memorie reponantur.
A puppi vero, id est a posteriori parte capitis, id est cerebri, per
medullam spine dorsi, que a physicis nucha dicitur, penetrat ad
neruos motiuos, vt sic motus voluntarius in omnibus partibus

/20   Constantinus, *Pantegni* IV.19 (p. 96)
/23   *a physicis:* see e.g. Alfred, *De motu cordis* 10 (p. 40).
/48   *a physicis nucha dicitur:* the word, originally an Arabic anato-
        mical term, was introduced into the West by Constantinus.
        See *Pantegni* III.12 (p. 59).

50 corporis inferioris generetur. Vnus igitur et idem spiritus corpo-
reus, subtilis tamen et aereus propter diuersa officia, in diuersis
membris diuersis nominibus est vocatus. Nam spiritus naturalis
est in epate; spiritus vero vitalis in corde; sed spiritus dicitur
animalis prout in capite operatur. Hunc quidem spiritum non
55 debemus credere humanam animam siue rationalem animum,
sed potius, vt dicit Augustinus, eiusdem vehiculum et proprium
instrumentum. Mediante enim tali spiritu anima corpori jungitur, et sine talis spiritus ministerio nulla anime actio perfecte in
corpore exercetur. Vnde illis spiritibus lesis et in suis effectibus
60 qualitercumque impeditis, resoluta corporis et anime [et]
armonia, rationalis spiritus cunctis suis operationibus in corpore
impeditur, vt patet in maniacis et in freneticis et aliis in quibus
vsus rationis sepius non habet locum. Et hoc est quia predictorum spirituum humore vel wlnere leditur instrumentum. Istis
65 igitur spiritibus confortatis anima confortatur, et istis debilitatis
vel deficientibus ipsa anima quo ad regimen corporis deficit vel
in suis actionibus minoratur, vt plane ostendit Constantinus. Et
hec de istis spiritibus sufficiant, quantum ad presentem perti-
nent tractatum.

23. < DE PULSIBUS >

Cum pulsus spiritus vitalis sit effectus, restat vt de pulsibus et eorum proprietatibus aliqua dicamus. Est itaque pulsus
secundum dyastolem et sistolem, id est secundum dilatationem
et constrictionem cordis et arteriarum motus. Cum igitur cor in
5 continuo motu existens a centro vsque ad circumferentiam vi
sanguinis et caloris ac in pulsu spiritus vitalis continue mouea-
tur, ex tali motu vsque ad sui extremitates dilatatur. Quando
vero econtrario ab extremitatibus ad centrum mouetur, circum-
stringitur. Cordis igitur dilatatio ad frigidum aerem attrahendum
10 et constrictio ad aerem fumosum expellendum sunt causa
pulsus. Ad hoc autem necessarius est pulsus, vt dispositio

22/56   Alcher, *De sp. et an.* 15 (PL 40.791-2)
/67   Constantinus, *Pantegni* IV.20 (pp. 96-7)

spiritualis virtutis intelligatur, et eius operatio cognoscatur. Hic
itaque pulsus a corde incipit per arterias et ad extremitates
corporis se diffundit. Vnde consistentiam cordis et eius actionem
15 ostendit. Solet autem a medicis non in omnibus partibus corporis
sed in brachialibus per arteriarum motus pulsus communiter
inueniri, quoniam in quibusdam non posset bene discerni propter
earum a centro cordis elongationem; in quibusdam autem propter
cordis regentis occultationem; in quibusdam autem propter
20 ossium constrictionem. Et ideo antiqui sapientes ad discernendum
pulsum arterias brachii elegerunt, et hoc siquidem fuit facilius,
vtilius, et honestius: facilius, quia carnose partes arteriam non
occultant; vtilius, quia brachiales arterie cordi magis approximant;
honestius, quia nec egro nec medico aliquam verecundiam gene-
25 rant seu ministrant. Indecens enim esset et verecundum occulta
membra corporis denudare. Discernitur autem pulsus proprie
per digitorum appositionem super locum pulsatilem, quod fieri
consueuit cum mediocri pressione; aliter in forti, aliter in debili,
quia in forti et carnoso fortius, in debili et carnibus denudato
30 remissius et leuiori pressione fieri consueuit. Ad hoc sciendum
est, vt dicit Constantinus, quod multe sunt pulsuum diuersitates,
que tamen ad X reducuntur. Primum attenditur secundum di-
mensionis quantitatem. Et hic est triplex: magnus quando per
latum, longum, et profundum arterie se diffundit et prouenit
35 iste pulsus fortis et grossus ex fortitudine spiritus, quo dilatatur
ex nimio calore, qui indiget infrigidatione, et ex mollicie membri
obedientis dilatationi. Dicitur et paruus, occultus, et strictus
quando ad centrum redit, et hoc fit ex defectu virtutis et parui-
tate caloris. Dicitur et [in]mediocris, equalis, et temperatus
40 quando nec centro nec extremitatibus est vicinus. Hec mediocritas ex magno et paruo procedit. Item consideratur secundum /
17r tempus motuum, et sic[ut] dicitur velox, tardus, et medius.
Velox dicitur, quia paruo temporis interuallo sepius mouetur, et
hoc conuenit ex forti calore et virtute. Tardus, quia magnum
45 continet temporis interuallum vel spacium ad sui motus com-

23/15   *a medicis:* see Constantinus, *Pantegni* VII.2 (p. 175).
/31   Constantinus, *Pantegni* VII.3 (pp. 175-82)

plementum, et hoc accidit ex defectu virtutis et caloris minora-
tione. Medius inter hos laudabilis est habendus. Tertio consideratur pulsus secundum tenorem virtutis, et secundum hoc est
fortis, debilis, et medius. Fortis est quando per quandam virtutem a se videtur repellere digitum tangentis, et hoc accidit ex
fortitudine virtutis et mollicie organi facilis ad mouendum.
Debilis est quando debiliter digitum percutit, et hoc est ex
imbecillitate virtutis et duricia organi inobedientis. Medius ab
vtroque temperatur. Quarto attenditur secundum consistentiam
organi, et tunc dicitur durus et mollis et medius. Durus est
quando cum quadam asperitate et duricia resistere videtur, et
hoc prouenit ex uasorum suorum siccitate. Mollis est quando
digiti cum magna suauitate sentiunt, ita vt videatur ab eis pene-
trari, et hoc prouenit ex humiditate. Medius inter hos duos est
temperatus. Quinto judicatur secundum plenum, vacuum, et
medium. Plenus est qui quadam humiditate redundare videtur,
et hoc prouenit ex nimia sanguinis et spiritus repletione. Vacuus
autem est quando apparet inflatus, sed cum tangitur, quasi
vacuus digitis perforatur. Medius ab hiis est temperatus. Sexto
judicatur pulsus secundum qualitatem arteriarum et diuiditur
in frigidum, calidum, et medium. Calidus est cum digitorum
extremitates sentiant calidam arteriarum substantiam, et hoc
prouenit ex materia intra habita, scilicet ex spiritu et calore, id
est calido sanguine. Frigidus econtrario est intelligendus. Medius vero ab hiis duobus temperatur. Septimo judicatur ex
operatione quietis, et hic diuiditur in spissum, rarum, et in
medium. Spissus est qui in sua dilatatione digitorum extremitates sepe percutit et subito recedit, et hoc accidit ex fortitudine
caloris et defectu virtutis; fortitudo enim caloris remedium
querit refrigerationis; defectus vero virtutis, cum non valeat,
semel, bis, vel ter in appetendo laborat. Rarus vero econtrario
et ex contraria causa prouenit, scilicet ex tarditate caloris et
fortitudine virtutis. Medius inter hos erit temperatus. Hii VII
pulsus sensu sunt notabiles et ad discernendum ceteris faciliores.
Alii vero tres pulsus – quorum primus diuiditur in pondus
laudabile et non laudabile; secundus, qui diuiditur in concordem
et in non equalem; et tertius, qui secundum minorem percussio-

nem vel maiorem diuiditur in ordinatum et in non ordinatum –
vix valent a peritissimis medicis deprehendi, et ideo de eis ad
85   presens supersedendum est. Si quis tamen eos scire voluerit, in
VII° libro *Pantegni* Constantini, capitulo III, de quo hec extra-
ximus, inueniet determinata sufficientissime omnia et expressa.
Ibi de pulsu caprizante, martellino, serrino, vermiculoso, formi-
cante, estuante, et tremente diffusius disputatur, de quibus
90   nichil ad presens tum propter difficultatem, tum etiam propter
singularium pulsuum multiplicitatem, tum etiam quia presenti
opusculo multum necessaria non videntur.

24. <DE VARIETATE PULSUUM>

Variatur autem pulsus propter multa. Primo per sexus
discretionem. Nam in masculis, qui validioris sunt nature et
fortioris, fortior est pulsus quam in feminis, que sunt nature
magis debilis. Et hoc est quia natura sepe iterando nititur supplere
5   in feminis quod per fortiorem pulsum semel in masculis operatur.
Item variatur pulsus per complexionem, quia si fuerit calida,
facit pulsum fortiorem, maiorem, et velociorem; si vero frigida,
facit paruum, debilem atque tardum; si autem humida, mollem
reddit et spissum; si sicca, asperum atque durum. Item diuersifi-
10   catur propter variam corporis dispositionem, quia in macillentis
generaliter est pulsus fortior et viuacior quam in crassis, et hoc
forsitan propter minorem arterie per molem carneam occultationem vel propter maiorem caloris naturalis, qui habundat in
macillentis, intentionem, qui quidem calor pulsum efficit forti-
15   orem. Item propter etatis diuersitatem, quia pueri habent velo-

---

23/86   Constantinus, *Pantegni* VII.3 (pp. 175-82). For this entire
            chapter Bartholomaeus is paraphrasing the African.

   /88-9   The Constantinian genera of pulses enumerated here (the goat-
            like, hammer-like, tranquil, vermicular, ant-like, agitated, and
            tremulous) are named from the meter or pattern of the pulse
            beat. Avicenna in his *Canon* lists 13 such descriptive categories.

24/1   This entire chapter is a close paraphrase of *Pantegni* VII.4-6
            (pp. 181-7).

   /10   *macillentis,* i.e. *macilentis*

ciorem <pulsum> ad innati caloris refrigerationem, quia in
talibus plus habundat. Nam velocitatem facit magnitudo caloris
et debilitas virtutis, que ad attrahendum frigidum aerem semel
non sufficit, vt supradictum est. Juuenes vero propter habun-
20   dantes in eis virtutes pulsum habent fortem et velocem. Senes
vero econtrario paruum et tardum, debilem et rarum, et hoc
quia eorum complexio appropinquat frigiditati. Vnde non est
necesse multum attrahere aerem frigidum causa refrigerationis. /
17v   Alie autem etates hiis affines secundum eam cui magis approxi-
25   mat pulsus similiores sunt habentes, et tam in masculis quam
in feminis. Item propter temporis immutationem. Nam ver
propter temperantiam frigidi et calidi pulsum facit fortem;
similiter et autompnus. Omne enim temperamentum virtuti
naturali adhibet incrementum. Estas vero, quia calidissima est,
30   debilem pulsum reddit et paruum propter nimiam pectoris
dilatationem. Propter quod euanescit virtus et debilitatur, et
ideo pulsus debilitati non sufficit vt magnus efficiatur. Hyemps
autem, quia frigida est, facit pulsum tardum sed tamen multum
fortem. Tarditas autem hec prouenit ex hoc, quod non oportet
35   multum refrigerari. Fortis autem est, quia calor naturalis ad
interiora refugit corporis. Vnde virtutem et pulsum confortat,
quando non excedit. Calor vero estiualis vtrumque dissoluit.
Item propter diuersorum climatum et regionum inhabitationem,
quia in calida regione habitantes, <vt> in Ethyopia, pulsum
40   habent velocem quasi estiuum. Inhabitantes vero in frigida
pulsum habent similem hyemali. Inhabitantes vero sub linea
equinoctiali pulsum habent mediocrem, sicut in tempore vernali
et autumpnali. Similiter aer calidus, frigidus, et siccus siue
temperatus pulsum variat et immutat. Item propter impregna-
45   tionem. Nam pregnantes in pulsu sunt mutabiles, quia in
principio vsque ad VI mensem pulsum habent fortem, spissum,
et velocem, quia calor fetus calorem augmentat naturalem. Et
vires mulieris vsque ad hoc tempus sunt mediocres, et fetus adhuc paruus. Vnde parum nutrimenti abstrahit ab earum cor-
50   poribus, et ideo pulsus adhuc temperatus. In sexto vero mense
fetus maioratur, et ideo maius nutrimentum requirit. Vnde et
natura grauatur, et per consequens pulsus debilitatur. Item
propter sompni et vigiliarum alterationem, quia tempore sompni

paruus esse solet et tardus, sed post sompnum fit fortis et
magnus, quia tunc calor naturalis confortatur. Verumptamen si
55   sompnus nimis prolongetur, pulsus rarescit et debilitatur. Pre- ˹
terea si quis a sompno excitetur subito, natura discutitur, et
pulsus velox, spissus, tremens, et inordinatus subito inuenitur.
Sed cum quiescit iterum, reuertitur in primum statum. Item
propter laborem et corporis exercitationem, que si fuerit tem-
60   perata, pulsum facit fortem, magnum, et velocem et spissum,
quia calor naturalis post huiusmodi excitatur. Si vero exercitium
exiuerit temperamentum, accidit econtrario pulsus paruus, durus,
tardus, et rarus, quia in sic laborantibus virtus deficit et calor
naturalis dissoluitur et pulsus per consequens minoratur. Item
65   propter balneorum assuefactionem. Nam in aqua calida balneantes temperate pulsum habent fortem, magnum, et spissum, et
hoc propter nature confortationem et propter superfluitatum
humidarum consumptionem. Sed in nimis morantibus in aqua
pulsus debilis efficitur; remanet tamen sicut prius velocitas et
70   spissitudo. Similiter balneantes in aqua frigida temperate pulsum
habent fortem et velocem. Et hoc contingit propter caloris
naturalis coadunationem et confortationem virtutis prouenientis
ex temperamento exterioris infrigidationis. Sed nimia mora in
tali balneo pulsum debilitat et virtutem. Et hoc contingit in
75   macillentis plusquam in crassis propter frigiditatem ad interiora
nimis subito et quasi sine obstaculo penetrantem et quasi pre-
cordia plus debito constringentem. Item propter cibi et potus
variam susceptionem. Cibus enim superfluus et indigestus pulsum debilitat. Moderatus vero digestusque ac per membra di-
80   spersus excitata virtute pulsum augmentat. Similiter et potus
moderatus et digestus pulsum facit fortem, magnum, et velocem;
frigidus autem rarum et tardum. Item propter passionum anime
variationem. Nam ira facit pulsum velocem, fortem, et spissum;
leticia mediocrem; timor similiter pulsum efficit velocem et
85   inordinatum et trementem; similiter dolor. Et ita de aliis contingit.
Hec autem dicta de anime et potentiarum eius proprietatibus,
virtutibus, et effectibus, quantum spectat ad hoc opusculum, iam
sufficiant. Nunc autem de proprietatibus humani corporis, cuius
anima actus est et perfectio, adiuuante Dei gratia aliqua sunt
90   dicenda.

BARTHOLOMAEUS ANGLICUS

DE PROPRIETATIBUS RERUM

LIBER IV

Bibliothèque Nationale MS. latin 16098
folios 17v - 25r

IV. <BARTHOLOMEI ANGLICI DE PROPRIETATIBUS SUBSTANTIE CORPOREE LIBER QUARTUS>

De humani itaque corporis et partium eius proprietatibus tracta-
turi ab elementaribus qualitatibus et humoribus, ex quibus
constat corpus, est primitus inchoandum.

1. <DE QUATUOR ELEMENTARIBUS QUALITATIBUS>

Quatuor itaque sunt elementa et elementares qualitates,
ex quibus constituitur omne animatum corpus materialiter, precipue corpus humanum, quod inter omnia elementa est nobilis-
simum et nobilissime inter omnia composita ordinatum, vt
5   puta proprium anime rationalis organum, ipsius operationibus
tam naturalibus quam voluntariis deputatum. Est itaque corpus
hominis compositum ex IIII^{or} elementis, scilicet ex terra, aqua,
igne, et aere, quorum quodlibet habet proprias qualitates. Sunt
18r   autem IIII^{or} / prime et principales, scilicet caliditas et frigiditas,
10   siccitas et humiditas, que dicuntur prime, quia primo labuntur
ab elementis in elementata. Dicuntur etiam principales, quia ab
eis omnes secundarii effectus oriuntur. Harum qualitatum due
sunt actiue, scilicet caliditas et frigiditas. Alie vero due, scilicet
siccitas et humiditas, sunt passiue. Vnde ab istarum qualitatum
15   preualentia et dominio dicuntur elementa actiua vel passiua.
Dicuntur autem prime due principaliter actiue, non quia ille
tantum agant, quia passiue similiter agunt; nulla enim qualitas
est ociosa in corpore. Sed ideo dicuntur hee actiue, quia <per>
actiones earum alie habent induci et conseruari. Nam caliditas

1/11   *elementata:* products or mixtures of the elements (literally
'elemented'). The four bodies which occur in nature (air, earth,
fire, and water) are mixed substances and hence properly
speaking are not *elementa* but *elementata.* See T. Silverstein,
'*Elementatum:* Its Appearance among the Twelfth-Century
Cosmogonists,' *Mediaeval Studies* 16 (1954) 156-62.
/19   *habent induci et conseruari:* 'are able to be brought in and
retained'; see LS, p. 834 (II.A.2).

20   quandoque humiditatem, quandoque siccitatem inducit et
custodit, vt potest videri in carne salsa. Calor enim salis terrestres partes dissoluit et aquosas et aereas, et sic relaxando et
molliendo a calore inducitur humiditas. Siccitatem autem
inducit, quia calor agens in humiditatem primo eam dissoluit et
25   dissolutam consumit. Et sic siccitas, que est lima caloris, inducitur et etiam conseruatur. Caliditas igitur est elementaris qualitas summe actiua, quod patet per eius effectum dum tantum
agit in rem aliquam. Primo eius partes dissoluit, quibus dissolutis
res debilior efficitur que per partium coherenciam fortior fuerat,
30   et ideo actioni rei agentis minus resistit. Item caliditas est
omnium generabilium artifex et causa generationis totius principaliter effectiua. Est autem duplex caliditas: caliditas solaris
siue celestis, scilicet generans, et hec est saluatiua et generatiua;
vnde quandoque generantur rane ex celesti calore in aere. Alia
35   est elementaris et generata, et hec est corruptiua et consumptiua,
sicut quando fit coadunatio fractorum radiorum in puncto
alicuius corporis perspicui: si fiat coadunatio radiorum in
speculo potest incendi stupa ex reflexione radiorum et comburi.
Item inferiorum ad superiora reductiua; faciendo enim motum
40   a centro ad circumferentiam dissoluit terrestria <in aquosa>
et aquosa in aerea et illa in ignea, et sic[ut] inferiora et media
reducit in sua superiora. Item eorum que dure sunt compactio-
nis est remollitiua; agendo enim in grossam substantiam eam
mollificat dissoluendo, vt patet in metallis calore liquefactis:
45   dissoluendo enim terrestria in aquosa remollit. Item mollium et
liquidorum est induratiua, vt patet in ouo igni apposito, quia
liquidioribus et subtilioribus partibus resolutis terrestribus

---

1/25   *lima caloris:* literally 'the file of heat,' that is, the action of
heat which induces dryness (cf. **3/4**); it is also used in the
opposite sense of dryness intensifying calorific action by the
elimination of moisture (see **3/25**). Isidore derives the word
from *limum* (mud), because a file produces an effect which is
soft and smooth – like mud; *Etym.* XIX.7.4.

/34   *rane:* that frogs were spontaneously generated by the heat of
the sun was a popular medieval myth; see Aristotle, *De gen.
an.* II.3.737a3 for the theory, though not the example.

partibus remanentibus indurescit. Item densorum est subtiliatiua; dum enim motum a centro ad circumferentiam habeat, vi
50 sua rem in quam agit dissoluit et sue actioni ydoneam reddit.
Vnde cum rem ad simplicitatem reducere laborat, per consequens
subtiliat. Nam simplicitas grosse rei subtilitas est, que nascitur
per minorem partium compactionem, vt patet in glacie, que
calore soluta subtiliatur. Item virtute sua est depuratiua metal-
55 lorum et rubiginis ipsorum consumptiua. Nam agendo in substantiam ipsius metalli ipsam dissoluit et, si quid inuenit fecu-
lentie et rubiginis, separat et consumit. Si autem fuerit aurum
omnino purum, violentia caloris quidem dissoluitur sed non
consumitur. Vnde aurum perfecte depuratum, quamuis per
60 calorem dissoluatur, non in suo pondere minoratur. Item caliditas est accidentaliter corruptiua, vt est videre quando calor plus
dissoluit quam consumat. Ipsi humores putrefiunt et corrumpuntur, vt patet in cumulo frumenti aqua asperso vbi calor
inclusus aquam resoluit in fumositatem, que inclusa et retenta
65 grana remollit et putrefacit ac corrumpit. Item naturaliter est
grauium alleuiatiua; dum enim humiditas per calorem resoluta
consumitur, pondus minoratur, et sic substantia rei leuiatur.
Propterea calore agente in humiditatem, fumus generatur; qui
fumus alleuiatur et depuratur et in spiritum, scilicet substantiam
70 leuem et aeream, mutatur et rem in qua continetur reddit leuio-
rem. Hinc est quod corpora animalium viuentium incomparabi-
liter sunt leuiora quam corpora mortuorum propter calorem et
spiritum contentum in arteriis et in venis. Sic enim corpora
animantium sunt leuiora post prandium quam ante propter
75 caloris confortationem. Item accidentaliter est caliditas aggrauatiua; agendo enim in substantiam rei subtiliores et leuiores partes
consumit, et remanentibus partibus grossioribus fit compactio
et per consequens aggrauatio. Per pororum etiam apertionem ex
vi caloris fit spirituum euaporatio, ex quorum presentia corpus
80 leuabitur, quibus euaporatis per ipsorum absentiam aggrauatur.
Item caliditas est coloris rubei generatiua; agens enim in materiam partes terrestres resoluit in aquosas, et illas in aereas et in
igneas. Vnde ex circumfusione ignearum partium mutantium
rei superficiem color igneus, scilicet rubeus, generatur, sicut

85   est videre in rosis. Preterea dum per calorem calidi humores in
corpore generantur, ex eorum diffusione per corpus color
rubeus generatur. Item accidentaliter est discoloratiua, quia per
18v   caliditatem poros aperientem exalant / humores, et spiritus
euanescunt, ex quorum presentia fiebat coloratio; eorum ab-
90   sentia color discolor generatur, sicut est videre de rosa, que ex
fumo sulphuris albescit. Item nimis intensa naturaliter est
mortificatiua, quod dum vltimus motus caloris agit in substantiam, eam ad vltimum resoluit, resoluendo in fine destruit et
consumit. Item accidentaliter est viuificatiua, quia per calidita-
95   tem prestantem motum cordi et spiritibus fit spirituum in
corpore restauratio, et nutrimenti membrorum fit competens
administratio, et sic per consequens corpus regitur et viuificatur.
Recollige itaque ex predictis quod caliditas est elementaris
proprietas, summe actiua, penetratiua, summe mobilis et moti-
100   ua, generata ex motu radiorum sui ipsius, multiplicatiua sui,
communicatiua illorum in quorum substantiam agit, in suam
speciem transformatiua, illorum que frigiditate mortua sunt et
destructa viuificatiua et renouatiua (vt patet in radicibus et in
plantis que hyemali frigore mortificate vernali calore reuiui-
105   scunt), inferiorum ad superiora deductiua, attractiua superfluorum et consumptiua et sordium purgatiua. In materiis
diuersis diuersorum, immo oppositorum, est effectuum productiua: et ideo nunc inuenitur rarefactiua et remollitiua, liquefactiua et aperitiua et econtrario; nunc condensatiua et indura-
110   tiua, constrictiua et opilatiua; nunc etiam saluatiua; nunc
corruptiua. Est etiam virtute propria saporum immutatiua; nam
acetosa et agrestia conuertit in dulcia, vt est videre in fructibus
et in vuis. Per nimiam autem intensionem et excessum dulcia
conuertit in amara et in salsa; nam ex calore intenso exurente
115   sanguinem sanguis in coleram conuertitur, et per eundem aqua
per fortem ebullitionem subtiliores partes aereas consummantem
terrestribus manentibus salis in substantiam transmutatur. Est
etiam caliditas crudorum et indigestorum maturatiua et maturi-
tatis in fructibus celerius perfectiua. Vnde in regionibus calidis

1/84-5   *sicut est videre:* 'as can be observed'; a ML construction

120   fructus citius maturescunt quam in frigidis, et plus dulcescunt.
Est etiam formarum et specierum potentia in materia latenter
existentium ad actum eductiua, vt patet in mineralibus; nam per
caloris actionem aurum, es, argentum, et cetere metallice species
de lapidibus educuntur et forma nobiliori vestiuntur. Per calo-
125   rem etiam dissoluentem substantiam cinerum et depurantem
cineres in vitrum conuertuntur. Vnde patet quod calor aeris et
nature est minister, quia mediante calore nobilissime species et
forme, tam naturales quam artificiales, de potentia ad actum
educuntur. Est insuper caliditas impressa in aere plurimarum
130   passionum, vt puta nubium, choruscationum, fulgurum, ymbrium,
et huiusmodi, generatiua. Nam vi sua actiua attractiua vapores
varios, siccos et humidos, ad diuersa aeris intersticia eleuat,
quibus aggregatis et condensatis in nubes calor inclusus eos
alterat in varias species et transmutat, quas diuersimode tandem
135   dissoluit et dissolutas nunc in speciem niuis vel grandinis, nunc
in speciem pluuie seu ymbris, ad terras vndique circumspergit.
Est preter hec caliditas suorum subiectorum a centro ad circumferentiam eleuatiua, vt patet in elementis in quibus dominatur,
scilicet in aere et in igne, qui summa distantia a centro terre
140   elongatur. Hoc etiam patet in oleo quod superenatat et in aliis
omnibus in quibus naturaliter calor vincit. Est insuper dispositi-
onum siue qualitatum sui subiecti ostensiua, vt patet in corpore
vbi dominatur calor; nam, vt dicit Constantinus libro I, capitulo
XVI: 'Corpus si fuerit calidum, erit caro multa, pinguedo pauca,
145   color rubeus, pili multi nigri vel rubei, tactus calidus, intellectus
bonus, homo facundus, multum mobilis, audax, iracundus,
amans, libidinosus et multum appetens et cito digerens, aspere
vocis et verecundus, fortis et velocis pulsus.' Hec et multa alia
ponit Constantinus signa que calidi corporis sunt jndicia. Et hec
150   de calore sufficiant.

2.   < DE FRIGIDITATE>

Frigiditas est elementaris qualitatis quedam actiua propri-

1/143   Constantinus, *Pantegni* I.15 (p. 16)

etas, debilior in actione quam caliditas. Ipsius enim est moueri
a circumferentia ad centrum, et ideo partes subiecti in quod
agit facit sibi vicinius adherere, et ideo tardius et difficilius
5   perficit in ipso effectum suum. Quamuis etiam naturaliter
habeat infrigidare, tamen accidentaliter calefacit. Videmus
enim in hyeme quod ex frigiditate constringente poros corporis
calide fumositates interiora petunt et non habentes liberum
exitum, quia intus sunt retente, se conculcant et calefaciunt;
10   vnde exterior frigiditas intus accidentaliter calefacit. Item frigi-
19r   ditas est condensatiua, / quia frigiditate motum faciente ad
centrum pars parti vicinius coheret. Partes enim prius erant per
interpositionem humiditatis separate a centro in se iuncte, sed
condensata humiditate ad centrum constringuntur. Item quam-
15   uis reducendo partes ad centrum sit naturaliter coniunctiua,
tamen accidentaliter dissolutiua et partium disiunctiua, sicut
est videre in cerebro frigiditate aliqua compresso: vi compres-
sionis humiditas in eo contenta exprimitur, dilabitur et per
diuersa cerebri emu<n>ctoria dispertitur, vt patet in patienti-
20   bus catarrum [et] ex causa frigida. Item naturaliter ingrossatiua,
quia dum per actionem frigiditatis partes partibus vicinius
coadherent, totum grossius efficitur. Preterea partes ignee per
frigiditatem comprimentem condensantur in aereas, aerea in
aqueas, aquee in terrestres, et sic tota grossior efficitur. Est
25   tamen frigiditas accidentaliter subtiliatiua, quia quando per
frigiditatem constringentem multa fit humiditatis oppresse
eductio (que humiditas contenta in poris substantiam ingrossabat), ex hoc quod illius humiditatis fit eductio, consequitur
accidentaliter substantie subtiliatio, sicut patet in pelle lota et
30   expressa. Item quamuis ex conser<ua>tione partium et ex
virtute comprimente facta euacuatione spirituum sit frigiditas
naturaliter grauatiua, accidentaliter tamen leuigat, quia facta

2/6   *habeat infrigidare:* see note to 1/19 above.
/8   *fumositates:* exhalations or emanations arising from the
action of heat on food and drink in the body and eliminated
through the intestines, lungs, and pores
/12-13   *Partes ... iuncte:* 'the parts, though interconnected, had been
separated from the centre by the interposition of moisture'

eductione humiditatis, que grauabat totius substantie qualitatem, fit alleuiatio. Item frigiditas temperata est vite et rei con-
35 seruatiua, quia dum per frigiditatem humiditas condensatur,
caliditatis intensio retardatur. Vnde sicut paulatim humiditas
per poros resoluitur, ita resoluta paulatim consumitur. Et sic ne
calor dissoluat substantiam rei, impeditur. Et res, ne feteat,
frigiditatis beneficio custoditur; vnde in locis frigidis et antrosis
40 cadauera paulatim sine fetore frigiditate resistente consumuntur.
Clauduntur etiam pori frigiditate constringente; vnde vapores
putridi, ne exalent exterius, ad interiora reprimuntur. Frigiditas
tamen accidentaliter corruptiua est et destructiua. Nam dum
digestio ex frigiditate in subiecto impeditur, tunc impedita
45 naturalis caloris actione debita corrupti humores generantur, a
quibus sequitur corporis corruptio, dum corrupti humores
corpori incorporantur. Et hoc est videre in wlneribus, in quibus
frigida nimis apposita poros restringunt; vnde retente fumositates
interius carnem remolliunt et eam corrodentes vel corrumpentes
50 putrefaciunt. Item naturaliter est discoloratiua, sicut videmus,
quia in hieme calor corporis vel cordis fugiens suum contrarium
humorem et spiritum ad interiora secum reducit et sic exteriorem
cutis superficiem calore depauperatam discoloratam facit, vt
patet in labiis et in genis. Verumptamen accidentaliter est colo-
55 ratiua, quia per frigiditatem fit pororum constrictio et spirituum
ac humorum retentio, quorum presentia fit superficialiter cutis
coloratio. Item frigiditas nimis intensa est naturaliter mortificatiua, quia dum per eam nimia fit constrictio in corde, spiritus
deficiunt omnino, et sic corde mortificato, a quo procedit
60 aliorum viuificatio, sequitur et illorum necessaria mortificatio.
Ex frigiditate etiam nimis dominante calor debilis extinguitur,
et sic vitalis spiritus non habens fomentum suffocatur. Accidentaliter tamen est frigiditas viuificatiua, sicut est videre in auibus
quibusdam que ex arboribus procreantur, que vice fructuum
65 tamquam quedam tuberositates ex arbore nascuntur. Sed quam-

/63-4   *auibus quibusdam:* probably the 'barnacle goose,' the popular
mythology of which can be traced back to the eleventh century (*OED*, p. 676)

diu sunt in arbore, nullatenus viuificantur. Et hoc accidit,
sicut dicit commentator *Super librum vegetabilium,* propter
porositatem ligni et fumositatem a cortice exalantem. Sed
quando ille tuberositates ruptis tenaculis in aquam cadunt,
70   frigiditate poros exterius constringente fumositates interius
retinentur, que conculcate adinuicem depurantur ac subtiliantur.
Et dum interius detinentur, in spiritum conuertuntur, ex cuius
multiplicatione et diffusione per singulas partes ille tuberositates
viuificantur et postea in quandam auium speciem transforman-
75   tur, que quidem ab aliis auibus in natura et complexione
multum sunt diuerse. Parum enim habent de carne et minus de
sanguine, et ideo ad esum non sunt apte, vt dicit idem commentator. Naturam tamen diuine laudis considerantibus administrant.
Illos enim spiritualiter representant quos per lignum crucis
80   diuinus spiritus in aqua baptismatis generat, in quibus carnis et
sanguinis desideria non habundant, qui viuificat<i> spiritu
volare ad celestia totis viribus desiderant et aspirant – sed de
hoc alias. Item frigiditas mater est albedinis et palloris, sicut
caliditas mater est nigredinis et ruboris. Vnde in calidis regioni-
85   bus nascuntur nigri homines et fusci, sicut apud Mauros; in
frigidis vero nascuntur albi, sicut apud Sclauos, vt dicit Aristoteles
in libro *De celo et mundo.* Et assignat rationem: quia ex dominio
frigiditatis in frigidis regionibus matrices mulierum ad talem

2/67   *commentator:* neither Alfred of Sareshel nor Roger Bacon
nor Albert the Great, all of whom wrote commentaries on
the *De plantis.* There is some evidence to suggest that there
may once have existed a commentary on this work by
Averroes; see S.D. Wingate, *The Medieval Latin Versions of
the Aristotelian Scientific Corpus, with Special Reference to
the Biological Works* (London 1931) pp. 71-2.

/78   *Naturam ... administrant:* 'nevertheless for those who reflect
upon the nature of divine praise, they serve a purpose'

/83   *alias:* Bartholomaeus does not return to the subject in the
DPR; had this been his intention when he wrote this, or is he
referring to another work?

/86-7   I could find the reference neither in the *De caelo* nor in the
pseudo-Aristotelian *De mundo;* cf. Constantinus, *Pantegni*
I.15 (p. 15).

19v fetum dispo/nuntur; vnde procreant albos filios secundum
90 cutem, et longos et flauos ac molles et laxos crines habentes.
Econtrario autem est in calidis regionibus, vbi pariunt filios
nigros, crispos et paucos habentes crines, vt patet in Ethyopibus.
Est igitur frigiditas in suo dominio in subiecto suo manifestatiua.
Nam in illis corporibus vbi dominatur est color albus, capillus
95 et mollis et laxus, intellectus durus et obliuiosus, appetitus
paruus et sompnus multus, incessus grauis et tardus, vt dicit
Constantinus libro I, capitulo XVII. Hec autem non simpliciter
sunt intelligenda semper in omni frigido inesse necessario, sed
in comparatione ad caliditatis dominantis complexionem, in
100 proportione regionis calide ad frigidam regionem. Talia auctores
retulerunt et in scriptis suis posteris reliquerunt. Hec autem de
proprietatibus frigiditatis dicta sufficiant ad presens, quia alie
patent per oppositum eorum que dicta sunt superius de calore.

3.   < DE SICCITATE >

Siccitas est quedam elementaris [proprietas] passiua
qualitas, quam nunc caliditas, nunc frigiditas introducit. Plus
tamen se habet ad calorem quam ad frigiditatem, cum siccitas
sit lima caloris. Dicitur autem siccitas quasi sine succo, id est
5 humore, quia humor et siccitas opponuntur. Cuius effectus
principalis est desiccare, sicut humiditatis est humectare. Secun-
darios autem effectus habet multos, sicut est inspissare, exa-
sperare, motum retardare, consumere, destruere, mortificare.
Proprietas itaque illa que habet desiccare principaliter partes
10 humidas a circumferentia ad centrum retrahit et, ne intermina-
biliter fluxibilitate sue substantie res humida se diffundat, [quod]
quasi obicem se opponit. Hinc videmus quia in littoribus maris
harene siccitas terminum ponit mari, et vbi dominatur terre

2/97   Constantinus, *Pantegni* I.20 (p. 17)
3/3   *se habet:* 'is disposed' or 'inclined'
/4   *Dicitur:* see Isidore, *Etym.* X.262; once again Isidore's etymo-
      logy is highly imaginative but wrong; cf. A. Walde, *Lateinisches
      etymologisches Wörterbuch,* 3rd ed. rev. by J.B. Hofmann
      (Heidelberg 1965) II, 533.

naturalis siccitas, fluxibilis maris impetus vlterius procedere
15   non permittit, sicut expresse dicit Gregorius *Super Job* XXXVIII,
III: 'Quis posuit mari terminum,' et cetera. Dicit Jeronymus
Super Jeremiam V idem ibi: 'Posuit harenam terminum mari,'
et cetera. Idem enim expressius ponit Phylosophus. Siccitas
igitur, que non perfecte terminatur in proprio centro, est
20   qualitatis humorose in se male terminabilis terminatiua et sue
interminabilitatis finis immobilis, prout patet ad sensum; sue
fluxibilitatis repercussiua est in parte vel totaliter, in extremitatibus consumptiua. Est itaque siccitas humiditati contraria tam
in effectu quam in natura. Accidentaliter tamen potest esse
25   aliquando humec<ta>tionis inductiua. Nam cum sit lima caloris,
et intendit caloris motum siue actum qui excitatus dissoluit
actualem vel potentialem quam inuenit humiditatem, que quidem
dissoluta et diffusa per membra humiditatem elicit seu humorem.
Siccitas etiam quando dominatur, quia habet motum ad cen-
30   trum, membra coartat et constringit. Et sic per constrictionem
educitur humiditas, que prius fuit per corpus diffusa. Vnde
videtur corpus humectari, quod prius siccum fuit. Etiam videmus
et in montibus siccissimis herbas substantialiter humidas pro-
creari, sicut dicitur herba que dicitur crassula, cimbalaria, vermi-
35   cularia, et cetera. Nec hoc est mirum. Nam siccitas, que naturaliter intendit conseruare montem in sua siccitate – et hoc per
suum simile, scilicet per siccum – vi actiua ad suum nutrimentum attrahit omne siccum. Humidum vero abhorrens et fugiens
tamquam suum contrarium de se repellit vsque ad radices
40   herbarum, que in superficie montis tamquam superflue ab
interiori montis substantia sunt reiecte. Vnde humorem sic
reiectum radices attrahunt, et inde nutriuntur herbe humide, et

3/15   Gregory, *Moralia* (or *Expositio in Iob*) XXVIII.21 (PL 76.
          475-6)
  /16   Jerome, *In Hieremiam* II.3 (CC 74.59-60)
  /18   See e.g. Aristotle, *Meteor.* I.14.351a19-352a28, and Pseudo-
          Aristotle, *De mundo* 3.392b14-394a7.
  /25-8 Although dryness is a consequence of heat (see 1/25), it also
          prepares the body for the action of the latter by dissipating
          moisture.

crasse fiunt. Eadem videtur esse ratio commentatoris *Super*
librum metheororum, vbi dicit quod fontes <vel> flumina
45   nascuntur de montibus, quia cum sint montes cauernosi et
spongiosi, et plurimum etiam contineant calidi, fit a montibus
magna attractio et ratione vacui et etiam ratione calidi aeris
interclusi. Quod igitur attrahitur simile monti in siccitate sibi
incorporatur. Quod vero dissimile est, vtpote in humiditate,
50   repellitur. Et aggregatur in vnum locum quod tandem expellitur,
et foras per capita fontium ad flumina perficienda continue
deriuantur. Siccitas igitur est attractiua sibi necessariorum et
sibi quidem similium est incorporatiua; superfluorum autem
sibi dissimilium expulsiua. Item siccitas naturaliter attenuatiua,
55   quia siccitas, dum dominatur, consumit humiditatem quam
inuenit in subiecto, qua consumpta sequitur extenuatio. Item
siccitas est substantie induratiua; consumendo enim humiditatem
in materia efficit ipsam duram, sicut in luto est videre, quia
siccatum durum fit. Item siccitate agente in rem subtilem, vt in
60   aere<a>m substantiam siue aqueam, subtilior efficitur et rarior,
sicut videmus quod flante borea aer desiccatur et rarescit et
20r   subtiliatur. Item / accidentaliter potest esse remollitiua; quando
scilicet siccitas consumit humiditatem, que quasi partium est
conglutinatio, sequitur per consequens partium separatio et
65   mollificatio, sicut est videre in ligno vetustissimo, cuius humiditate per siccitatem consumpta sic molle redditur, in puluerem
mollem tactui cedentem redigitur. Item naturaliter est asperatiua.
Nam agens in subiectam humiditatem quam inuenit consumit in
superficie et quam non potest consumere indurat, et ita inducitur
70   quedam in superficie inequalitas ex vacuitate depressa et duricie
eleuata, ex qua fit asperitas, que nichil aliud est quam inequalitas
secundum durum corpus. Accidentaliter tamen quandoque
lenificat, sicut quando ex siccitate acuitur calor, quo suo acumine
dissoluit humores, qui dissoluti et per aliquam arteriam distil-
75   lantes eam leniunt et humectant. Item siccitas est motus tarditiua.

/43   *commentatoris:* probably Richard Rufus, who is cited by name
several times in *DPR* XVI; see W. Lampen, 'De Fr. Richardo
Rufo, Cornubiensi OFM,' *AFH* 21 (1928) 405-6. The work, the
test of whose existence is its mention in *DPR* XVI, is not extant.

Nam per dominium siccitatis nimie partes aeree et aquose in
terrestres inspissantur, et sic substantia grossior effecta et
grauior tardior est ad motum. Per nimiam etiam siccitatem
spiritus exinaniuntur, quorum multitudine corpus mouebatur
80   velocius. Vnde eorum facta diminutione per siccitatem mouetur difficilius. Tamen est siccitas aliquando accidentaliter motus
adiuuatiua, quia siccitas faciens motum ad centrum equaliter
ducit circumferentie partes ad medium, et fit partium circum-
flectio equaliter et rotundatio. Vnde quia rotundus non habet
85   angulos in quibus possit impediri, volubilitate sua mobilius
redditur. Preterea siccitas consumendo humidas superfluitates
spiritus subtiliat et depurat, velociores reddit eos. Nam a super-
fluitatibus depurati, quibus corpus grauabatur, ad motum
habilita<n>t corpus ipsum. Item naturaliter est consumptiua,
90   et per hoc quod consumit humores corpus euacuat et a suo
nutrimento depauperat etiam et necessario inanitur. Item
naturaliter est destructiua, quia dum humiditatem substantialem,
que materialiter subiectum nutrit et partes rei copulat, pariter
destruit et consumit, causa est quare res animata vel inanimata
95   dissoluitur et destruitur. Item animata corpora specialiter
destruit, quia spiritus naturales, qui constant ex fumo humido,
dissoluit, quando illam humiditatem consumit. Vnde deficiente
materia et spiritu corpus necessario mortificatur. Vnde pessima
est qualitas et mortificatiua dum excedit. Viuificat tamen
100   accidentaliter. Nam humores quandoque reumatizantes ad
spiritualia et meatus spiritus opilantes parati sunt subinducere
suffocationem. Siccitas autem superueniens vel medicina sicca
agens in illos humores consumit eos et spirituum vias aperit.
Vnde rei quasi prius mortue sequitur viuificatio. Quamuis igitur
105   siccitas sit necessaria in omni corpore elementato ad superfluitatis humide consumptionem et ipsius humiditatis coartationem,
insuper ad ipsius caloris remissi excitationem, mortifera tamen
est qualitas et pessima, quando debitam excedit in corporibus
proportionem. Nam pessimas infirmitates solet in corporibus
110   inducere ac nociuas, vt ptisim et ethicam et huiusmodi, quibus

3/110   *ptisim,* i.e. *phthisim* (consumption). *ethicam:* a protracted

vix potest medicine beneficio subueniri. Insuper per nutrimentalis
humoris consumptionem corpus excecat, cutis superficiem
contrahit et corrugat, senium accelerat, corpus superficialiter
discolorat et deformat, sitim immoderatam prouocat, arterias
115 exasperat, et vocem impedit et rarificat, caput a capillis spoliat
et decaluat, articulos manuum et pedum contrahit et incuruat,
vt est videre in leprosis. Sed hec dicta de siccitatis effectibus
nunc sufficiant.

4. <DE HUMIDITATE>

Humiditas est elementaris passiua qualitas, actiuarum
qualitatum impressionibus obediens et subdita, actionum caliditatis et frigiditatis susceptiua. Est autem humiditas omnium
corporum et precipue animatorum nutritiua, augmentatiua,
5 conseruatiua, deperditorum in corpore restauratiua. Nam humore
et calore omnia generantur, vt dicit Phylosophus, et generata
nutriuntur, vt est videre in radicibus et seminibus. Nam granum
terre commissum primo oportet perfundi humiditate aquea et
aerea et per inclusum calorem naturalem rarificari et dilatari, et
10 tandem actione caloris humiditas resoluta grossiorem sui partem
et terrestriorem terre inferius transmittit, quam quidem terra in
suis recipit visceribus et calore jncluso coagulat et in radicis
substantiam per mixtionem humidi et sicci conuertit. Humiditas
autem illa radicalis derelicta in radice sic procreata humorem,
15 quem jnuenit in terra, sibi similem ratione similitudinis et etiam
vi attractiua interclusi caloris sibi attrahit et attractum, quantum
sibi sufficit, in sui nutrimentum conuertit. Quod autem sibi non
est necessarium, per calorem illam humiditatem dissoluentem et
subtiliantem ipsam superius transmittit et primo in substantiam
20 germinis, deinde in substantiam stipitis, vltimo in substantiam
floris, fructus, et frondis sic transmissam coagulat et conuertit.

fever which accompanies typhoid, tuberculosis, and the ter-
minal stages of malignant diseases; its prognosis was grave and
Bartholomaeus was understandably pessimistic about a cure.
4/6 See e.g. Aristotle, *Meteor.* IV.1.378b27-379a11.

Quia igitur humiditas omnium illorum que vegetantur nutri-
20v mentum est et materia, manifestum est quod / omnium vegetabilium est nutritiua et per sui diffusionem et incorporationem
25   in latum et in longum, in altum et in spissum augmentatiua.
Item humiditas deperditorum in corporibus vegetabilibus et
animatis est restauratiua. Nam per calorem agentem continue
intrinsecus et extrinsecus corpora consumuntur et cito perirent,
nisi per restaurationem humidi repararentur. Et ideo necessaria
30   fuit continua humiditatis attractio, vt continua fieret deperditi
reparatio, et per consequens sibi restauratio vel conseruatio.
Est preterea humiditas inferiorum conseruatiua. Nam ex aggre-
gatione radiorum continua in aere et in terra tanta fieret caloris
generatio et siccitatis inductio, quod aer inflammaretur et terre
35   superficies combureretur, nisi virtus caloris actiua per aeris et
aque humiditatem actioni eius resistentem proportione debita
ad temperiem reduceretur. Et ideo dicitur in Macrobio, opposuit
Deus fonti caloris fontem totius humoris, vt per humoris pre-
sentiam calori oppositam eius violentia reprimeretur et sic
40   mundi machina [vel] in esse ordine debito seruaretur; alioquin
calore nimio subito solueretur. Item humiditas est partium
terre coniunctiua. Tante enim siccitatis est terra, quod nisi
humiditate aque humectaretur, quelibet eius particula ab alia
dissolueretur. Et ideo fecit natura montes spongiosos et terram
45   cauernosam in multis locis et porosam, vt si fieret ratione vacui
aeris et aque fortis attractio, adiuuaret siccitatis mitigationem
et partium terre separabilium vnionem. Vnde quod facit sanguis
currens per venas in corpore, idem facit humiditas in venis
terre. Rigat enim terre siccitatem et eque disponit et habilitat
50   ad fecunditatem. Habet autem humiditas quasdam proprietates
et effectus primas et naturales, quasdam vero secundarias et
quodammodo casuales, sicut et alie qualitates. Est enim humiditas naturaliter labilis et fluxibilis, sed tamen sistitur termino
alieno, vt dicit Phylosophus. A centro enim ad circumferentiam
55   est motiua. Vnde et se diffundendo subiectum suum totaliter

---

4/37   Macrobius, *In somnium Scipionis* II.10 (II, 126-7)

/54   See e.g. Aristotle, *De generatione et corruptione* II.2.329b31-2.

diffluendo dissolueret, si ei aliud non obsisteret quod eius fluxibilitatem per reductionem partium ad centrum terminaret.
Vnde videmus fluctus maris harene siccitate[m] in maris litoribus
a suo fluxu compesci et in se quodammodo reuocari. Item
60   naturaliter mollitiua est. Partes enim materie duras et compactas
per sui subtractionem et diffusionem relaxat et rarificat et
remollit. Est tamen induratiua accidentaliter, sicut videmus in
gibbis et etiam apostematibus quibusdam, in quibus confluun-
t[ur] humores frigidi et ex frigiditate partes humidas ad centrum
65   repercutiente et condensante jndurantur et in sclirosim, id est
duriciam, sepius commutantur. Idem etiam contingit ex nimio
calore partes liquidiores consumente, quibus consumptis partes
grossiores compinguntur pariter et indurantur. Item naturaliter
est mundificatiua. Nam sua remollitione et partium, per quas
70   diffunditur adinuicem, laxatione partes sordidas diuidit et diuisas
lubrificando remouet et abstergit, vt patet maxime in ipsa aqua,
que substantialiter humectat et maxime est sordium purgatiua,
et hoc maxime si substantiali humiditati caliditas cooperetur, vt
patet in triticeo furfure, in radice brionie, et etiam in sapone et
75   in medulla fabe et in consimilibus, que omnia sordes faciei et
totius corporis mundificant et depurant. Item quia de se motum
habet a centro siue medio ad extrema, cum ille motus ex se non
sit fortis multum, sed respectu caloris sic obtusus est, siquidem
sui in latum principaliter est diffusiua. In altum vero sine calore
80   non est multum, quantum est de se, extensiua. Sed quando
calor in ipsa dominatur et in ipsa obediente materia humida
operatur, tunc in omnem partem, sed maxime in altum et longum,
vi caloris sursum eleuante et vsque ad extremitates diffundente
erigitur et protelatur. Corpora vero in quibus predominantur
85   calor et humor temperatus naturaliter et generaliter sunt altiora
et longiora et etiam graciliora quam illa in quibus existente
humiditate multa et dominante calore paruo et remissius ope-
rante causa contraria inuenitur. Et ideo homines calidi, vt colerici,
obediente humore substantiali caloris actione sunt aliis, scilicet
90   fleumaticis, longiores et in omnibus corporis extremitatibus
aliis partibus et circumstantiis concurrentibus hinc inde equaliter
in gracillitate et longitudine aptiores. Vbi autem est calor multus

et humor multus, non tamen actioni ignee virtutis superfluus
aut diminutus sed congruus et commensuratus, corpora in omni
95   dimensione fiunt magna, longa, et lata. Alta enim sunt propter
calorem subtiliores partes humiditatis ad sumitatem differentem.
Lata autem fiunt et spissa propter virtutem caloris partes
grossiores humiditatis ad singulas partes inferiores secundum
21r   sui exigentiam vndique / diffundentem et partem parti secundum
100   congruentiam nature adunantem. Item humiditas est naturaliter
lenificatiua. Nam sui circumfusione per extrema rei omnes
partes vacuas replendo ad equalitatem perducit et sic rei superficiem complan<an>do, adequando eam lenem facit. Accidentaliter tamen quandoque exasperat, sicut quando aliquo casu
105   simul calidi et frigidi humores ad aliquem locum confluunt et
concurrunt. Calidi quidem in communi superficiem rei eleuant,
frigidi quoque deprimunt – et sic ex contrariis humoribus
contrarietas et inequalitas cum asperitate quadam corporis in
superficie generatur. Item humiditas si fuerit secundum nature
110   exigentiam in corpore commensurata, omnium actionum anime
et corporis est adiuuatiua. Nam ex humoribus spiritus regitiui
corporis generantur et in esse conseruantur. Spirituum quoque
virtutes suos effectus in singulis organis corporis sensitiuis et
motiuis per humorum ministerium operantur, vt patet in virtute
115   visiua, que mediante humore cristallino visum in oculo operatur.
Similiter virtus gustatiua numquam sine humore saliuali inter
sapores discernere arbitratur, et sic de aliis. Nam humiditate
substantiali destructa in corpore vel corrupta tota anime actio
pariter erit impedita. Si enim fuerit in toto corpore vel in aliqua
120   parte corporis superfluitas humida sic habundans quod non
possit regi a natura, principium est et materia putrefactionis et
generat in corpore grauissimas passiones, vt patet in apoplexia,
in qua superflua humiditas sic occupat omnes ventriculos
cerebri quod non permittit per neruos sensibiles spiritum ani-
125   malem ad sensificandum corpus et mouendum deferentes animam in corpore suas peragere actiones; immo aufert corpori
subito sensum atque motum et tandem inducit suffocationem
atque mortem, sicut Galenus in *Commento super anforismos*

4/128   Galen, *In aphorismos Hippocratis* II.42, ed. C.G. Kühn, XVII-2

exponens illud verbum Ypocratis: 'Soluere apoplexiam fortem
130 impossibile, debilem vero non facile,' et cetera. Fleumatica
enim humiditas occupans totam cerebri regionem opilat meatus
neruorum; vnde non potest deferri spiritus animalis ad inferiora,
immo intercluditur hanelitus et vita finitur. Hec autem humiditas
peccat quandoque in quantitate, quandoque in qualitate — et
135 hoc aliquando a causa intrinseca. A causa intrinseca, sicut a mala
complexione, quando nociua humiditas radicatur in membris et
non potest a calore naturali dissolui et consumi nec a sua malicia
immutari. Talis itaque humiditas in diuersis locis corporis diuersas inducit infirmitates, vt patet in epilempsia, quando procedit
140 ex vicio capitis, et in ydropisi, quando ex mala complexione
generatur epatis. Item a causa extrinseca, sicut a rebus que a
Johanne et Galeno vocantur res non naturales, quales sunt aer,
cibus et potus, sompnus et vigilie, inanicio et repletio, exercitium
atque quies. Hec enim omnia si fuerint assumpta, secundum
145 exigentiam nature humiditatem substantialem generant ac con-
seruant et perditam reparant et restaurant. Si vero a contrario
modo sumpta fuerint, contrarium effectum habent. Nam humiditatem innaturalem generant et augmentant aut naturalem
corrumpunt, alterant, et immutant, vt patet. Nam vt dicit
150 Galenus in *Anphorum Ypocratis* particula III, super locum illum
'Immutationes temporum maxime generant morbos,' et cetera:
tempora, inquit, anni non sunt causa morbi sed mutationes
complexionum ipsius temporis, quando scilicet complexio aeris,
que deberet congruere tempori, in oppositam commutatur,
155 sicut quando complexio veris, que deberet esse calida et humida,
efficitur sicut in autompno frigida atque sicca et econtrario. Et
sic de aliis. Nam si fuerit aer vernalis generaliter frigidus et siccus,
et precesserit aer in hieme quasi vernalis, scilicet calidus et
humidus, necesse est multos in vere egrotare et etiam mulieres

(Leipzig 1829) 541-3
/140 *ydropisi*, i.e. *hydropisi* (the dropsy)
/142 *Johanne:* Johannitius, *Hysagoge* (f. 4r-v); cf. Constantinus,
        Pantegni V.1 (p. 98)
/150 Galen, *In aphorismos* III.1 (XVII-2, 563-5)
/158 *hieme: A* is rather catholic in its spelling of this word – viz.
        hiems, yems (/**161**), *hyems* (/**165**), *hyemps* (**III.24/32** above).

160   parituras occasione facile abortire. Et hec est ratio Galeni quam
assignat, quia ex humiditate et caliditate yemis precedentis
multa fiebat humiditatis in corporibus generatio et fleumatis
coadunatio. Aer vero in inicio veris, si fuerit frigidus et siccus,
claudit poros et non sinit fumos exalare. Vnde retento calore
165   dissoluit humiditatem istam superfluam in hyeme generatam.
Et cum calor sit debilis et non possit eam perfecte digerere nec
ex toto consumere, transmittit eam sic indigestam nunc ad
superiora membra et nunc ad inferiora, vbi coadunata sit causa
diuersarum passionum: vt si ascenderit ad caput, potest esse
170   causa reumatis et catarri; si vero ad intestina et fuerit fleuma
salsum, mordificando intestina inducit et dissinteriam; et sic de
aliis. Illa eadem potest esse ratio aborsus in mulieribus, quia
humiditas illa defluens ad matricem grauat eam, et remolliendo
retinacula fetus ac relaxando est causa abortiendi. Aliam autem
175   causam ibi assignat auctor. Et sic de aliis passionibus aeris et
temporis intelligendum est quod mutant humiditatis quantitatem vel calore immoderato nimis dissoluendo vel nimis con-
21v   sumendo / siue calore remisso superfluitates eius non euacuando.
Et sic intelligendum de aere nimis frigido poros claudente
180   humoresque plus debito constringente. Sed de aere frigido ad
presens hec dicta sufficiant.

5.   < DE CIBO ET POTU >

De cibo vero et potu patet. Nam per debiti nutrimenti,
cibi scilicet et potus, subtractionem humiditas subtrahitur, et
calor inducta siccitate intentior effectus, non jnueniens in quid
agat, ad substantialem humiditatem se conuertit, in quam
5   agendo ipsam nimis attenuat vel consumit. Et econtrario si
cibus vel potus fuerit immoderatus, humiditas nimis incenditur,
et calor naturalis debilitatur, quia non sufficit ad digerendum.
Facit tamen calor quod potest. Nam aliquid resoluit ex illo
superfluo cibo sumpto; illud autem resolutum, cum sit fumositas

4/160   Galen, *In aphorismos* III.12 (XVII-2, 585-9)
/175   *auctor:* Avicenna, *Canon* I.ii.II.7 (f. 32r)

10   grossa et indigesta, petit cerebrum et percutiens eius miringas
      seu tuniculas grauiter eas ledit et aliquando emigraneam vel
      aliam capitis passionem pessimam excitat et inducit. Aliquando
      etiam radices neruorum sensibilium illa fumositas maliciosa
      tangit et suo acumine siue furiositate ad intima ipsorum neruo-
15   rum penetrans spiritum animalem ibi existentem impedit atque
      ledit. Vnde et substantiam et rationis vsum perturbat et linguam,
      rationis interpretem, titubando contrahit et peruertit, vt patet
      in ebriis. Motum etiam voluntarium sepius retardat vel penitus
      destruit, vt patet in tremulis et in paraliticis. Nec mirum. Nam
20   virtus corporis regitiua, que sita est in neruis et musculis a
      natura, neruum siue membrum quodlibet sic depressum regere
      et erigere satagit et intendit. Sed prevalens ille acutus fumus et
      resistens, virtutem naturalem vincere cupiens, membrum deor-
      sum deprimere nititur et contendit. Vnde ex isto duplici motu
25   contrario, vno scilicet eleuante et alio deprimente, membrorum
      tremor sepius generatur, et tandem victa totaliter virtute regitiua
      mors vel paralisis in talibus generatur. Et ideo optimum est
      consilium sapientis qui dicit sic: 'Ne te effundas,' inquid, 'super
      omnem escam, quia in multis escis infirmitas grauis,' et cetera.
30   Item idem malum generat in corpore sompnus immoderatus.
      Nam in sompno remittuntur virtutes et actiones animales; interius
      naturales incenduntur. Vnde clausis portis forinsecis calor intrin-
      secus confortatur, multos humores attrahit, quos quidem nec
      digerere potest nec consumere, et tunc preualente tanta super-
35   fluitate quam non potest natura regere sequitur necessario mors
      et suffocatio, sicut est videre sepius in dormientibus post
      acceptam medicinam et etiam in minutis. In vigilantibus autem
      nimis causa contraria operatur, in quibus nimia fit et humorum
      et spirituum consumptio. Vnde et mors iterum comminatur.
40   Item eadem ratio suffocationis est in nimis repletis, et eadem
      ratio defectionis est in jeiunantibus supra vires et nimium inanitis.
      Item qui nimis se exercitant per nimiam caloris intentionem
      humores nimis consumentem se destruunt et consumunt. In

---

5/28   Ecclus. 37:32-3
/31-2   Cf. Constantinus, *Pantegni* V.24 (p. 137).

nimis vero quiescentibus causa est contraria, quia in ipsis magna
45   est et immoderata humiditatis attractio, et nulla superfluitatis
euaporatio, nec spirituum subtiliatio, et ideo necessario humiditas superflua disponitur ad putrefactionem et corruptionem.
Istis et aliis modis infinitis qualitates elementares in suis naturalibus effectibus impediuntur, sicut patet in rationibus supra-
50   dictis, quas de verbis Constantini in *Pantegni* et Galeni in
Commento aphorismorum Ypocratis et *epedimarum* succincte
compilauimus. Vnde de hiis supersedeamus. Et ideo ad descri-
bendas proprietates humorum, que ex hiis qualitatibus compo-
nuntur, manus apponamus ex quibus constituitur omne corpus
55   quod spiritu sensibili vel rationali animatur.

6.   < DE HUMORIBUS ET EORUM GENERATIONE,
EFFECTU, ET OPERATIONE>

Est igitur humor quedam substantia actualiter liquida ex
coniunctione elementarium qualitatum per digestionem in
animalis corpore generata, apta membra nutrire et eorum
actiones confortare naturaliter vel accidentaliter impedire. Nam
5   humor est corporum sensibilium materiale principium et primum
ac precipuum ratione nutrimenti in suis peragendis actionibus
juuamentum. 'Sunt autem humores,' vt dicit Constantinus,
'vocati elementorum filii eo quod vnusquisque eorum ex eorum
vel illorum originaliter constet qualitate.' Sunt autem IIII^{or}
10   humores, scilicet sanguis, fleuma, colera, et melancolia, qui
quidem respectu membrorum dicuntur simplices, quamuis
respectu elementorum, quorum sunt filii, compositi inueniantur.
Hii IIII^{or} humores in quantitate et qualitate equalitatem pro-

5/50   Constantinus, *Pantegni* V.33 (pp. 137-8)
 /50-51   Galen, *In aphorismos* I-II (XVII-2, 345-560 passim), and *In
          Hippocratis epidemiarum* IV.14-18 (XVII-2, 168-80 passim)
6/1   *humor:* according to the Hippocratic doctrine all living bodies
          were made up of four humors (blood, yellow bile, black bile,
          and phlegm); good health depended on the humors being
          mixed in the right proportion. See C. Singer, *History* pp. 7-9.
 /7   Constantinus, *Pantegni* I.25 (p. 21)

portione debita obseruantes omnia corpora sanguinem habentia
15 perficiunt et nutriunt ac custodiunt in debita consistentia sanitatis, sicut econtrario ex eorum inequalitate siue infectione
infirmitatem generant et inducunt. Fuerunt autem hii necessarii
ad corporis constitutionem, ad ipsius regimen et conseruationem,
ad continuam deperditorum in corpore restaurationem, sicut
20 dicit Galenus *Super amphorismorum.* Corpus enim subiacet
fluxui, vt patet in sudoribus et in sputis, et huiusmodi alterationi,
scilicet de frigiditate et caliditate, et econtrario corruptioni, que
ex fluxibilitate [et] nimia sequitur et alteratione diuturna. Vt
ergo quod per fluxum in corpore deperditur reparetur, et mala
25 alteratio in bonam transmutetur, et per consequens corruptioni
aliqualiter obuietur, necessaria fuit IIII^{or} humorum presentia,
vt corpus animale in vigore ipsis mediantibus incolume conseruetur. Horum autem humorum generatio sic habet fieri. Recepto
enim cibo in loco decoctionis, primo scilicet in stomacho, sub-
22r tilior eius pars et liquidior, / que a physicis ptisinaria vocatur,
per quasdam venas ad epar trahitur et ibi per caloris naturalis
actionem in IIII^{or} humores transmutatur, quorum generatio in
epate simpliciter incipit, sed non similiter finit. Primo enim
caloris actio quod frigidum est et humidum in naturam fleumatis
35 conuertit. Secundo quod calidum est et humidum in naturam
sanguinis transit. Quod vero calidum et siccum naturam colere
construit. Sed quod frigidum et siccum in substantiam melancolie se componit. Talis igitur est processus. Primo siquidem
generatur fleuma, tamquam humor semicoctus; secundo sanguis,
40 cuius decoctio est perfecta; tertio colera, cuius decoctio temperamentum excedit; vltimo etiam melancolia, quasi pars terre-
strior et aliorum fex, in esse procedit. Vnde talis est ordo, vt
dicit Auicenna, quod elementorum recta et reciproca est generatio, quia de aere fit ignis et econtrario. Humorum autem
45 generatio quedam est recta sed non reciproca; de fleumate enim
per decoctionem fit sanguis sed non econtrario. Similiter de
sanguine fit colera per calorem intensum siccantem humorem et

/20   Galen, *In aphorismos* I.2 ff. (XVII-2, 357 ff.)
/43   Avicenna, *Canon* I.i.IV.2 (ff. 9v-10r)

subtiliantem sed non econtrario. Simili modo per adustionem
ex colera fit melancolia et non econtrario. Sic enim accidit in
50   generatione humorum, sicut accidit in generatione vini ex
musto, vt dicit Constantinus. Nam feruente musto generatur
quedam spuma superficiem petens, et quedam substantia terrea
ad fundum descendens. Et alia est aquosa, secundum cuius
augmentum vinum in substantia est magis debile et minus
55   calidum; et quanto magis antiquatur, tanto magis fit calidum
propter aquositatis resolutionem. Quarta est vini puritas, quando
coctio est completa. Sic in humoribus est pars leuitate sua
superiora petens, scilicet colera; alia velut fex deorsum tendens,
scilicet melancolia; alia vero in cruditate manens, scilicet fleuma;
60   quarta vero est sanguis in sua puritate permanens, a ceteris
humoribus depuratus. Nullus tamen sanguis est ita purus, quin
aliis humoribus sit permixtus. Vnde eorum commixtione
speciem variat et colorem. Nam per admixtionem colere apparet
ruffus, a melancolia niger, a fleumate aquosus et spumosus.

7.   < DE SANGUINE >

'Sanguis,' vt dicit Ysidorus, 'a greco nomen sumpsit, eo
quod su[b]stentet, vigeat, et viuat,' id est vitam confirmet;
nam sancire confirmare est. 'Dicitur autem sanguis dum est in
corpore, effusus vero dicitur cruor, eo quod effusus currendo
5   corruat. Alii autem vocant sanguinem quasi suauem,' eo quod
gustu et tactu sit suauis. 'Non enim est sanguis purus et integer
nisi in iuuenibus. Nam dicunt physici sanguinem minui per
aetatem; vnde et in senibus tremor est ex defectu. Proprie
autem sanguis animi possessio [passio] est. Inde genas lacerare
10   in luctu mulieribus mos est; vnde etiam purpuree vestes et
purpurei flores ponuntur super mortuos animositatem mortui
dum erat in suo sanguine representantes.' Hucusque Ysidorus
libro X, capitulo II. Sanguis autem secundum Constantinum

6/51   Constantinus, *Pantegni* I.25 (p. 21)
7/1   Isidore, *Etym.* XI.1.122-3
/13   Constantinus, *Pantegni* I.25 (pp. 21-3)

inter IIII^{or} humores laudabilior et nature amicabilior propter
15 eius equalem et perfectam coctionem, quem efficit calor temperatus ex materia pura et aerea ad corporis nutrimentum. Est
vero sanguis secundum eundem Constantinum alius naturalis,
alius innaturalis. Naturalis autem alius est contentus in arteriis,
alius est in venis. Qui vero est in arteriis calidior est et subtilior,
20 rubicundior, clarior, et in sapore dulcis; alio autem sanguine
acutior est in sapore. Est autem calidior propter cordis et spiritus
vicinitatem, subtilior propter cordis calorem subtiliantem et
rarificantem – et hoc vt resumendo per spissas tunicas arteriarum
facile possit in alia membra labi. Clarior autem est propter vir-
25 tutem colere in ipso. Acutior autem est propter augmentum
caloris. Sanguis vero in venis contentus est calidus et humidus,
inter grossum et subtilem mediocris. In sapore est valde dulcis,
omni malo carens odore, cito coagulatur cum exierit. Vnde talis
sanguis epatis designat temperamentum. Si vero fuerit subtilis,
30 aquosus, non boni odoris nec dulcis saporis, commixtionem
alterius humoris ipsum inficientis est jndicium. Jam enim
degenerat in sanguinem innaturalem, qui sic dicitur vel quia a
sua generatione est, vt in leprosis, corruptus aut propter incon-
uenientem materiam, ex qua est generatus, et propter extraneum
35 humorem, cum quo est commixtus. Modicum autem colere vel
alterius inficientis humoris mixtum cum puro sanguine ipsum
inficit et in sue qualitatis similitudinem ipsum trahit. Hucusque
Constantinus *Pantegni* XXIIII capitulo. Alias sanguinis proprietates ponit Aristoteles in libro *Animalium* III°; dicit enim:
40 'Omne animal habens sanguinem habet epar et cor.' Vnde omnia
animalia carentia sanguine sunt minoris corporis et virtutis
animalibus habentibus sanguinem. Et cum absciditur caro,
sanguis exit, nisi illa mortua fuerit vel corrupta. Item in omni
animali bone dispositionis est sanguis mediocris, quia non nimis
45 multi, sicut sunt potantes nouum vinum, nec nimis pauci, sicut
corporis crassi, quia animalia nimis crassi corporis sunt parui
sanguinis: quia quanto augmentatur pinguedo, tanto minoratur

/30 *commixtionem:* indirect discourse (*esse* understood)
/39 Aristotle, *De part. an.* III.7.670a28-9

sanguis. Item omne corpus sanguineum putrescit cito, et maxime
prope ossa. Homo enim habet sanguinem subtilem valde respectu

22v aliorum animalium, quorum sanguis est nigrior / et spissior sanguine hominis, et maxime tauri et asini; et sanguis in inferiori
parte corporis spissior est et nigrior quam in superiori. Item
sanguis, quando generatur valde, erit causa egritudinis, quoniam
attenuatur et fit aquosus. Et propter hoc forsan sudat homo

55 sanguinem, quod quidem est, vt puto, propter superfluam
liquidi sanguinis habundantiam, a qua se intendit exhonerare
natura. Vnde eicit eius partes aquosas ad cutis superficiem et
eas expellit per sudorem. Item cum homo dormierit, erit sanguis
in manifesto modicus. Nec mirum, quia tunc reuocatur a natura

60 ad interiora in adiutorium virtutis naturalis, vt ipsius beneficio
suas peragat actiones. Vnde quia tunc se profundat ad interiora,
extremitas corporis pallida remanet et exanguis. Et propter hoc
forte accidit quod si corpus dormientis pungatur, non exit inde
tantum sanguinis quantum si esset vigilans. Item dicitur ibidem

65 quod si sanguis fuerit bene coctus et digestus, bene fit ex eo
sepum — et hoc forsan quia eius vnctuositas per temperatam
decoctionem coagulatur et dealbata in sepum et pinguedinem
transmutatur. Item cum alteratur sanguis a cursu nature sue et
fuerit corruptus, exierit a stomacho et a naribus. Item cum

70 putrescit sanguis in aliquo membro, nisi educatur arte vel natura,
efficitur ex eo virus, et in saniem commutatur. Hucusque libro
IIIº. Item dicit ibidem, libro XII: 'Vene sunt vasa sanguinis, ex
quo patet quod sanguis est cibus vltimus animalis habentis
sanguinem.' Item ibi etiam et sanguis amicabilis nature; etiam

75 animal carens sanguine cibatur per illud quod conuenit cum
sanguine, vt patet in vermibus et muscis, qui carnibus insident et

---

7/64   *ibidem:* i.e. *De part. an.* II.5.651a21-4

/71-2   Aristotle, *Historia animalium* III.19.521a17-21

/72   *ibidem: De part. an.* III.4.665b12-14 and 5.667b19-21; 'in the
        same place' because the three biological treatises which Bartho-
        lomaeus cites had been gathered into a single treatise in the
        Middle Ages, the nineteen books entitled *De animalibus.*

/74-91 Aristotle, *De part. an.* II.3.650a33-651a5

/74   *ibi:* Aristotle, *De part. an.* II.3.651a14-15

sanguinem suggunt et inde sibi attrahunt nutrimentum. Propter
hoc si animal non nutritur cibo isto, efficitur macillentum et
male dispositionis. Et quando cibatur, crescit et fiet bone dispo-
80 sitionis per talis cibi nutrimentum. Et si ille sanguis vnde fit
cibus fuerit clarus et bonus, erit corpus sanum; et si malus, erit
corpus infirmum. Item sanguis terrestris coagulatur cito propter
priuationem humiditatis. Vnde omne animal habens subtilem
sanguinem et mundum atque calidum aliis animalibus habet
85 meliorem sensum. Sanguis enim mundus, subtilis, et calidus et
maioris motus intellectui conuenientior est. Item omne animal
carens sanguine est maioris timoris animali habenti[s] sanguinem.
Et propter hoc habens mundum sanguinem et calidum et leuem
non mouetur nisi modicum propter timorem. Item sanguis tauri
90 congelatur citius et coagulatur sanguine omnium animalium
aliorum. Sanguis enim omnium animalium coagulatur secundum
magis et minus preter cerui et leporis et sibi similium in natura,
quorum sanguis non coagulatur, vt dicit Aristoteles. Sanguis
taurinus, sicut dicit idem III libro et XII, maxime est coagula-
95 tionis et velocis − et hoc forsan propter excessum caloris et
siccitatis. Vnde haustus crudus interficit sicut venenum. Vnde
de quodam phylosopho dicitur quod hausto sanguine tauri se
peremit. Item idem libro XIII: 'Sanguis in parte dextra calidior
est quam sinistra.' Et ideo propter vigorem calidi sanguinis in
100 parte illa manus dextra vniuersaliter pronior est ad operandum
et habilior quam sinistra. Vnde dicit Aristoteles libro I quod leo

/91-3   Aristotle, *Hist. an.* III.19.520b23-5
/94   *III libro et XII:* i.e. *Hist. an.* III.19.520b26-7 and *De part. an.*
        II.4.651a4-5
/97   *de quodam phylosopho:* namely Themistocles, Greek statesman
        and soldier (d. 449 B.C.); Aristophanes, Diodorus Siculus, and
        Plutarch all tell the story of how Themistocles committed sui-
        cide by drinking bull's blood, and Pliny mentions (*Natural
        History* XXVIII.41) that fresh bull's blood is considered one
        of the poisons.
/98   Aristotle, *De part. an.* III.4.667a2-3
/101   Aristotle, *Hist. an.* II.1.498b7-10 (the lion and two species of
        camel are here cited as exceptions among quadrupeds in that
        they 'walk laterally')

prius mouet pedem dextrum quam sinistrum. Et *Super ampho-*
rismorum dicitur quod mulier portans masculum subito vocata
ab aliquo primo mouet pedem dextrum, quod facit calidus
105   sanguis, qui in concipiente masculum completius operatur. Item
in eodem libro dicitur quod sanguis prima et precipua est materia cordis et epatis. Vnde et cor concauum est ad sanguinem
copiosius recipiendum et spissum ad eundem diligenter custo-
diendum. Et <in> nullo membro est sanguis sine venis nisi in
110   corde tantum et de corde exit per quasdam venas ad alia loca
corporis. Et non venit aliunde sanguis ad cor, quoniam fons est
et principium sanguinis, membrum primum recipiens sanguinem.
Et hoc manifestatur ex anathomia et modo generationis, quia
prima creatio cordis apparet sanguinea. Vnde secundum Aristo-
115   telem cor est primum sanguinis receptiuum, et ideo in medio
ponitur, vt eum transfundat tamquam a medio et a centro ad
omnia alia membra. Vnde dicit quod cor est medium totius
animalis, a quo procedit motus et sensus et vita totius animalis.
Et ideo cor est in omnibus habentibus sanguinem, quoniam
120   necessario principium sanguinis est et non epar. Hec omnia
aperte dicit Aristoteles libro XIII, quamuis de principio sanguinis
alio modo sit scriptum in libro medicorum. Sed de ista contro-
uersia nichil ad nos, quia vtraque positio vel opinio nobis deseruit quo ad nostram intentionem. Ex predictorum igitur
125   auctorum sententiis breuiter recollige quod sanguis naturalis est
purus et calidus, subtilis, dulcis, animalis nutribilis, virtutis
naturalis conseruatiuus, sedes anime et ipsius contentiuus,
iuuentus perfectiuus, complexionis alteratiuus, vigoris cordis et
spirituum conseruatiuus, letificatiuus, amoris excitatiuus, sui

7/102-3   Galen, *In aphorismos* V.48 (XVII-2, 840-41)
/106   *in eodem libro:* i.e. *De part. an.* III.4.665b7-666a29
/114-21   *De part. an.* III.4.665b7-666a29
/122   *in libro medicorum:* I am not sure which of the medical
          works (*B²* reads 'libris') Bartholomaeus has in mind; it seems
          that he was aware of a divergence of opinion between the
          Aristotelian and Hippocratic-Galenic traditions on the origin
          of blood but did not feel compelled to enter into it.

130 diffusione in superficie corporis ipsius coloratiuus, sanus et
23r temperatus: / sanitatis conseruatiuus, corruptus: corruptionis
inductiuus – vt patet in lepra, que est sanguis corruptus in fontibus – et cum aliis humoribus admixtus malicie eorum est temperatiuus, sua virtute doloris oculorum mitigatiuus – vt dicit
135 Constantinus quod sanguis columbe vel yrundinis de ala dextra
extractus, oculis calidus instillatus, maculas abstergit oculorum.
Sanguis enim talis valde est ignitiuus et dissolutiuus, sicut ibidem
dicit commentator in *Viatico,* in tractatu *De pannis et maculis
oculorum,* in fine.

8. < DE SANGUINIS MALA PROPRIETATE >

Sunt etiam sanguinis quedam proprietates minus laudabiles
aliis supradictis. Nam quanto bene dispositus nature est amicabilior et vtilior, tanto cum corruptus fuerit eidem est nociuior et
grauiores infert passiones corpori. Nam aliorum humorum malicia
5 sanguini admixta propter amicabilitatem eius ad naturam non se
ita subito manifestat. Et ideo ab eorum lesione sibi natura minus
precauens latentem ipsorum maliciam non formidat, ut patet in
febribus emitritheis et aliis mixtis, in quibus colera rubea vel
adusta sanguini admixta non ita cito se nature vel medici judicio
10 manifestat, vt dicit Galenus *Super amphorismorum.* Item sanguis
si fuerit in corpore superfluus, monstruosas in hominibus generat
passiones, nisi nature vel medicine beneficio euacuetur citius, vt

7/130-32 *sanus ... inductiuus:* i.e. when the blood is healthy and temperate, it preserves health, and when corrupt, it induces cor-
ruption, etc.
/135 Pseudo-Constantinus, *Viaticum* II.3, in Isaac Judaeus, *Om. op.*
f. 148v. The work, which went under the name *Viaticum Constantini* and which was later attributed to Isaac Judaeus, is
actually a free translation of the work of Ibn-al-Jazzar (d.
1009), a pupil of Isaac's; see Sarton, *Introduction* I, 682.
/138 Pseudo-Constantinus, *Viaticum* II.2 (*de albugine sive de pannis
in oculis*), f. 148v
8/8 *emitritheis,* i.e. *hemitritaeis*
/10 Galen, *In aphorismos* IV.21 (XVII-2, 681-4)

patet in sanguine menstruali, qui propter <superhabundantiam>
humiditatis et caloris indigentiam in mulieribus existens, si
15   vltra debitum retineatur, pessimarum causa est et occasio passionum. Inducit enim quandoque spiritualium suffocationem,
quandoque ydropisim, quandoque etiam frenesim, sine manifesta
causa passionem, prout ille sanguis corruptus nimis diu retentus
ad diuersas transfunditur corporis regiones, sicut in *Passionarum*
20   libro Galeni expressius continetur. Vnde contra talia pericula
summum remedium est talis sanguinis corrupti euacuationem
citius procurare. Nec mirum si sanguis sic corruptus proprium
subiectum sic molestat, qui alienum etiam mirabiliter inficit et
immutat. Nam vt dicit Ysidorus libro X, capitulo II: 'Sanguinis
25   menstrualis contactu fruges non germinant, arescunt musta,
moriuntur herbe, fructus amittunt arbores, ferrum rubigo
corrumpit, nigrescunt era et metalla. Quod si canes inde come-
derint, in rabiem efferuntur. Glutinium aspalti, quod nec ferro
dissoluitur nec aquis, ipso pollutum sponte dispergitur,' vt
30   ibidem dicit Ysidorus. Hic sanguis ex superflua humiditate et
debili calore in corporibus mulierum generantur, et ideo, ne
natura ex eo grauetur, in matrice recolligitur tamquam in sentina, a qua si debito modo expulsus fuerit, totum corpus rarifi-
cando alleuiat et ipsam matricem ad conceptionem disponit et
35   habilitat. Vnde dicit Aristoteles libro IX: 'Menstruum in fine
mensis in mulieribus maxime viget.' Et ideo tunc vtiliter expellitur sanguis talis, quia, sicut dicit idem libro XVI, 'sanguis
menstrualis non habet certam temporis reuolutionem sed in

8/19   Pseudo-Galen, *Passionarius* V.11-12, ed. B. Trot (Lyons 1526)
        ff. 62v-64v (for a discussion of *hydropisis*); the *Liber passio-
        num* (or *Passionarius* as it was usually called), attributed by
        Bartholomaeus and other writers of the period to Galen, was
        composed by Gariopontus, a Salernitan physician, who died
        c. 1050; see Sarton, *Introduction* I, 726.

/24   Isidore, *Etym.* XI.1.141; see Vern L. Bullough, 'Medieval
        Medical and Scientific Views of Women,' *Viator* 4 (1973)
        485-501.

/35   Aristotle, *Hist. an.* VII.2.582a34-5
/37   Aristotle, *De gen. an.* II.4.738a17-20

maiori parte accidit in diminutione lune; et hoc est rectum, quia
40   corpora animalium sunt tunc temporis frigidiora quam in alio
tempore <quoniam> aer est frigidior.' Et alteratur sanguis, et
efficitur ex eo superfluitas menstrualis, que si tunc expellitur,
talis euacuatio laudabilis est et naturalis, quia si vltra tempus vel
propter grossiciem sanguinis vel propter artitudinem matricis
45   vel propter defectum expulsiue virtutis retineatur, multis mole-
stiis periculosis corpus mulieris aggrauatur. Quod quidem generaliter est verum a XIIII anno vsque ad L, quia in juuenculis
meatus sunt angusti et virtus debilis. A L autem anno in antea
sanguis [sanguis] minoratur et frigescit, virtus deficit, calor
50   destruitur vel tepescit. Vnde iste due etates a tali immundicia
sunt immunes, scilicet senectus vetularis et juuentus puellaris.
Retinet tamen natura sanguinem menstrualem post mulierum
impregnationem ad nutrimentum fetus et conceptus conseruationem. Vnde Aristoteles libro XV: 'Menstruum est sanguis non
55   purus, sed indiget digestione operatiua.' Hic sanguis mixta cum
spermate cibus est in animali. Vnde mulier post conceptionem
frequenter patiens fluxum menstrualem solet facere abortiuum.
Aut enim debilitatur fetus aut moritur, et hoc propter nutrimenti
subtractionem. Vnde retentio sanguinis menstrualis signum est
60   impregnationis ex jam dicta causa. Quod autem superfluit de
sanguine menstruali attrahitur ad mamillas, vt inde lac generetur.
Materia enim lactis est sanguis decoctus in mamillis, vt dicit
Aristoteles libro XV et XVIII. 'Lac,' inquit, 'est sanguis digestus
non corruptus.' Item oportet vt fluxus sanguinis menstrualis
65   actualiter sit in corpore antequam mulier impregnetur, sicut
dicit Aristoteles libro XV et Constantinus, sicut oportet arborem
primo florere quam fructus facere. Item quando venit fluxus
naturalis, semper accidit in etate lune etati mulieris conuenientis.
23v   Item aues et animalia non patiuntur talem fluxum, / quia
70   totalis superfluitas transit in plumas et in pilos, vt dicit

/54   *De gen. an.* I.20.728a27-8
/63   *De gen. an.* II.4.739b26-7 and IV.8.777a8-9
/66   Aristotle, *De gen. an.* I.19.727b11-14; and Constantinus,
      Pantegni IV.2 (p. 81)

Aristoteles. Item dicit: 'Rursus mulieres nimis se exercentes et
sepius mouentes non multum menstruant. Sed que quiescunt
et multum comedunt suauiterque viuunt, tales multa purgatione
jndigent.' Item quando sanguis talis vel frigiditate vel crassicie
75   ora venarum constringente debito modo non exit, ad exeundum
alias vias querit, vt venas narium et emoroidarum, quas si
clausas jnuenerit, ad alia membra se diffundit et grauem nature
infert passionem. Nam tales, vt dicit in *Viatico* Constantinus,
defectum appetitus patiuntur. Nam cibaria bona abhorrent;
80   puluerem vero carbonum et laterum appetunt et similium. Nam
sanguis retentus in maliciosum fumum terrestrem et ponticum
conuertitur, quo rapto ad orificium stomachi appetitus rationalis
subuertitur et irrationalis generatur. Vnde et omnia talia corpora
sunt maximis morbis apparata.

9.   < DE FLEUMATE >

Fleuma secundum Johannem est humor semicoctus
actione caloris imperfecti ex frigida et humida materia generatus.
Et Aristoteles libro XV: 'Fleuma est cibi superfluitas que non
digeritur.' Eadem enim est materia sanguinis et fleumatis, sed
5   differunt secundum decoctionem maiorem vel minorem. Vnde
de fleumate fit sanguis per ampliorem caloris agentis intentionem, non tamen econtrario. Sanguis enim in fleuma numquam
transmutatur, sicut colera mutatur in melancoliam, sed non
econtrario, vt dicit Auicenna. Est autem fleuma humor natura-
10   liter frigidus, humidus, et insipidus, quem natura mandat per
membra vt digeratur et ex ipso digesto corpus nutriatur. No-
tandum quod fleuma aliud est naturale, aliud innaturale. Naturale autem est frigidum et humidum, in colore album, in substantia fluidum, in sapore parum dulce vel totaliter insipidum;

8/71   *Aristoteles: De gen. an.* I.20.728b19-22
        Item dicit: Pseudo-Constantinus, *Viaticum* VI.9 (f. 164v)
 /78   Pseudo-Constantinus, *Viaticum* VI.9 (f. 164v)
9/1   *Johannem:* i.e. Johannitius, *Hysagoge* (f. 2r)
 /3   Aristotle, *De gen. an.* I.25.725a14-16
 /9   Avicenna, *Canon* I.i.IV.1 (f. 8r)

15   in epate tamen generatur, vbi sedes est caloris. Est tamen habile
vt in sanguinem transmutetur, et facta completa transmutatione
corpus inde sustentetur. Fleuma enim, quamuis de se sit grossum
et insipidum, per intensionem tamen caloris ipsum immutantis
forme et saporis sanguinis, qui est dulcis, est susceptiuum, vt
20   patet in fleumate quod dicitur esse dulce. Vnde propter vicinitatem et similitudinem quam habet cum sanguine jndigent eo
omnia membra corporis. Et ideo natura prouida fecit illud cum
sanguine per venas totius corporis transire propter necessitatem
et etiam propter vtilitatem. Nam, vt dicit Constantinus, deficiente
25   sanguine calor digerit fleuma, quia inde intendit membra reficere
et nutrire. Vnde in hoc nobilius est fleuma colera et melancolia,
quia rectificari non possunt vt ex eis fiat sanguis, cuius beneficio
vigent et nutriuntur membra corporis vniuersa. Est etiam eius
presentia cum sanguine necessaria, vt eius, scilicet sanguinis,
30   feruor temperetur et liquiditate fleumatis spissitudo sanguinis
in temperie conseruetur et sic facilius et expediosius ad singula
membra nutrimentum sanguinis deportetur. Vtile etiam est vt
juncture membrorum et alie partes mobiles sua liquida humiditate humectentur, ne ex calore motus vel ex sanguine calido
35   casu aliquo a suo officio retardentur aut siccitate insuper inducta
impediantur. Fleumatis autem innaturalis IIII^{or} sunt species.
Est enim acetosum, frigidum, et siccum propter melancolie
admixtionem; salsum, calidum, et siccum propter colere rubee
infectionem; dulce propter sanguinis participationem; vitreum
40   sic dictum propter coloris vitri assimilationem. Tale enim omnino
elongatur a calore, et ideo certis eius speciebus illud est com-
pactius et difficilius ad digerendum et in sanguinem conuerten-
dum. Hic humor si corruptus fuerit, diuersas generat in corpore
infirmitates, cuius superhabundantia[m], vt dicit Constantinus,
45   cognoscitur per diuersa. Nam verus fleumaticus est corpore deses,
grauius et tardius et sensu hebes, mente obliuiosus, carne mollis
et fluidus, colore liuidus, albidus in facie, timidus, sputis et

/24   Constantinus, *Pantegni* I.25 (pp. 22-3)
/39-40 Cf. Constantinus, *Pantegni* I.25 (p. 22).

excreationibus multis plenus, piger et sompniculosus, parui
appetitus, parue sitis – nisi sit salsum fleuma, quia tunc salsus
50 sapor in ore sentitur propter calidi humoris admixtionem –
crine mollis est, flauus et laxus, cuius pulsus est mollis, grossus,
et tardus, vrina alba, spissa, cruda, et discolorata, statura
pinguis et grossa, in extremitatibus breuis et curta, cuius cutis
superficies plana et lenis ac a pilis denudata, sompniat de
55 aquarum nimium et pluuiarum inundatione, nauigatione in
aquis frigidis et etiam natatione. Talis complexionis homines
solent frigidum morbum sepius incurrere et ipso fatigari et
precipue tempore hyemali, quia tunc temporis qualitates fleumatis, scilicet frigiditas et humiditas, intenduntur, vt dicit
60 Constantinus. Quere supra de proprietatibus frigiditatis et
humiditatis.

10. <DE COLERA>

Colera secundum Ysidorum dicta est eo quod in humore
colerico calor temperamentum excedat. Colera alia naturalis,
alia innaturalis. Naturalis est illa que naturaliter est calida et
sicca, in substantia subtilis, in colore rubea, clara, in sapore
5 amara cum quodam acumine. Que quanto est calidior, tanto
est in colore rubicundior et in sapore amarior. Que cum in
24r corpore generatur, in duas partes diuiditur, / quarum vna vadit
cum sanguine et alia transmittitur ad cistim fellis. Illud autem
quod vadit cum [vadit cum] sanguine penetrat cum ipso causa
10 necessitatis et juuamenti. Necessarium enim fuit vt sanguini
admisceretur ad aptificandum sanguinem ad membra colerica
temperanda et nutrienda, quoniam in hoc sanguine oportet
esse coleram rubeam actualiter <secundum> debitam proportionem huiusmodi membrorum. Juuat et vt sanguis subtilietur,

9/48   *excreationibus,* i.e. *exscreationibus*
/60   Constantinus, *Pantegni* X.2 (p. 310)
       supra: i.e. chapters 2 and 4 above
10/1   Isidore, *Etym.* IV.5.4
/3-33   *Naturalis ... visum est:* see Constantinus, *Pantegni* I.25 (pp.
       22-3) of which this section is a close paraphrase.

15   vt facilius transeat per angustos meatus ad interiora corporis
     nutrienda. Alia vero pars, que ad cistim fellis trahitur, transmit-
     titur ad ipsam causa necessitatis et etiam juuamenti. Necesse
     enim fuit propter mundificationem totius corporis et propter
     nutrimentum ipsius fellis. Juuat etiam stomachum et intestina
20   calefaciendo et pungendo, vt a superfluis se exhonerent. Ideo
     enim sepe accidit torsio et ventris dolor et colerica passio, quia
     via opilatur que est inter fel et intestina. Innaturalis colera est
     que egreditur a natura propter aliquod extraneum sibi commix-
     tum. Nam commixto cum colera rubea fleumate aquoso genera-
25   tur colera citrina, que ceteris est nimis calida et nociua. Si vero
     fuerit fleuma grossioris essentie et spissioris, generatur inde
     colera vitellina. Iste due species sunt note. Tertia species est
     colera que dicitur prassina, in colore uiridis et amara, acuta,
     sicut herba que prassium, id est marubium vel porrus, nuncupa-
30   tur. Nascitur autem in stomacho illorum qui continue vtuntur
     herbis nimis calidis, vt porris, cepis, alleis, nasturtiis, et huiusmodi.
     Et forsitan a talibus herbis viridibus et crudis in colore contrahit
     virorem, et sic Galeno visum est. Auicenne autem visum fuit
     quod praxina generatur ex colera vitellina, quando nimis aduritur.
35   Cum enim aduritur, adustio in ea facit nigredinem, ex qua cum
     citrinitate mixta viriditas introducitur. Eruginosa vero colera
     est quarta species, que per vlteriorem adustionem generatur ex
     praxina. Quando enim tantum aduritur quod eius humorositas
     desiccatur, et tunc declinat color eius ad albedinem, qualis est
40   color cineris. Nam calor in humido corpore primo nigredinem
     efficit; deinde consumpta totaliter humiditate alborem quemdam
     introducit, vt est videre in lignis que, priusquam conuertantur
     in cinerem, conuertuntur in carbonem. Frigiditas vero econtrario
     in humido efficit albedinem; in sicco autem nigredinem operatur.
45   Hec vltima in omnibus aliis peior est et venenosior, cuius venenosa

/31   *alleis,* i.e. *alliis* (-ium)
/33   The reference to Galen is probably via Constantinus: *Pan-*
      tegni I.25 (p. 23); cf. Johannitius, *Hysagoge* (f. 2r).
      Auicenne: Avicenna, *Canon* I.i.IV.1 (f. 8v)
/34   *praxina,* i.e. *prasina*

qualitas pessimas et mortiferas inducit in corpore passiones,
sicut herispilam et noli me tangere et cetera huiusmodi.
Humor igitur colericus naturalis non excedens terminos
nature est aliorum humorum subtiliatiuus, digestionis confor-
50   tatiuus, fecis et putredinis mundificatiuus, corporis secundum
dimensionem longitudinis et altitudinis distensiuus, animosi-
tatis et audacie generatiuus, mobilitatis et leuitatis effectiuus,
ad iram et ad appetitum vindicte excitatiuus, venerei appetitus
prouocatiuus, virtutis expulsiue adiuuatiuus, materie grosse
55   attenuatiuus, et a centro vsque ad circumferentiam diffusiuus,
secundum citrinitatem vel nigredinem superficiei substantie
in colore mutatiuus. Vnde colerici generaliter solent esse
iracundi, animo immansueti, leues, instabiles, impetuosi, jn
corpore longi, tenues, et macillenti, colore fusci, in crinibus
60   nigri et crispi, pilis hispidi et hirsuti, tactu calidi, pulsus
fortis et velocis. Eorum vrina in substantia est tenuis et subtilis, in colore ignea, rutilans, et clara. Hec colera si in aliqua
parte corporis fuerit corrupta, molestissimas infert corpori
passiones, quarum hec sunt generalia signa. Sicut enim dicit
65   Constantinus in *Pantegni* libro IX, capitulo II, si corpori
dominetur colera corrupta, erit cutis glauca vel citrina et erit
defectus appetitiue virtutis, amaritudo sentitur in ore (ita
quod dulcia videntur amara et sapida insipida), punctura et
ardor in stomacho (ex calido fumo pungente neruos stomachi
70   et mordicante), abhominatio cum vomitu colerico, cum siti
lingue siccitas (ex fumo calido trachea< m > arteriam de-
siccante et humorem saliualem circa neruos lingue consumente),
oculorum concauitas cum humido aspectu, pulsus subtilis,
velox et spissus, vrina rubea et intensa, dolor capitis grauis,
75   vigilia et alienatio mentis, horribiles visiones in sompnis. Tales
enim sompniant de igne et fulgore et stupenda aeris inflamma-

10/47   *herispilam,* i.e. *erysipelam* (-elas)
          noli me tangere: 'an ulcer'
/65-78   Constantinus, *Pantegni* X.2 (p. 309)
/70   *abhominatio,* i.e. *abominatio* (nausea)
/71   *tracheam arteriam:* 'the wind-pipe'

tione, quod fit ex igneo fumo petente cerebrum et ymaginatiuam
<virtutem> immutante.

11.   <DE MELANCOLIA>

Melancolia est humor spissus et grossus ex fece et turbu-
lencia sanguinis generatus. Et dicitur a *melon,* quod est niger,
et *coleri,* quod est humor; inde dicitur melancolia, quasi niger
humor. Vnde a physicis colera nigra nuncupatur. Nam color eius
declinat ad nigredinem. Est autem melancolia alia / naturalis,
alia innaturalis. Naturalis frigida est et sicca, que fit in sanguine,
sicut fex in vino habet generari, cuius substantia est spissa et
terrestris, cuius sapor inter dulcedinem et ponticitatem existit
vicinus accipienti. Hec melancolia in duas partes habet diuidi,
quarum vna remanet cum sanguine et pe<ne>trat secum ad
membra causa necessitatis et juuamenti. Fuit enim necesse vt
cum sanguine misceretur, vt aptificaret sanguinem ad membra
melancolica nutrienda. Juuat etiam sanguinem, quia inspissat
eum ne sui liquiditate, subterfugiat digestionem. Secunda vero
pars transmittitur ad splenem etiam propter necessitatem et
juuamentum. Necesse enim fuit hoc propter mundificationem
totius corporis et propter nutrimentum ipsius splenis. Juuamentum vero est vt perfluat in os stomachi, vt scilicet ipsum fortificet
et inspisset, et ut ibi pruritum faciat et sic excitet famem et
cooperetur ad desiderium nutrimenti. Illud autem [est] melancolie quod est superfluum sanguini transmittitur ad splenem, et
quod a splene egreditur est illud quo <non> jndiget splen ad
sui nutrimentum. Et sicut colera rubea juuat stomachum ad
expellenda superflua interius, sic melancolia juuat virtutem
appetitiuam. Superius autem dicitur fex sanguinis potius quam
colere vel fleumatis, quia resudat et separatur a sanguine, sicut
descendit ypostasis vrinalis siue sedimen in liquore. De fleumate
vero nichil resudat nec descendit propter eius viscositatem;

11/2   *melon:* a transliteration of μέλαν (black)
 /3   *coleri:* i.e. χολή (bile)
 /25   *Superius:* i.e. 11/1-2

similiter nec colera propter eius subtilitatem. Et ideo fex colere
30   vel fleumatis non vocatur. Melancolia autem innaturalis non est
ad modum ypostasis siue residencie et fecis, sed per modum
adustionis et cineritatis. Hoc accidit istis modis. Agens enim
calor nimis in substantiam fleumatis ipsam adurit et per adustionem nimiam in coleram adustam conuertit. Et si primo
35   fuerit humor subtilis et aquosus quando aduritur, efficitur
salsus, et si fuerit grossus, trahit ad acredinem vel ponticitatem.
Si vero contingat sanguinem aduri vel incinerari, cinis eius fit
salsus cum quadam dulcedine pauca. Sed quando conuenit
melancoliam naturalem aduri, illa adustio siue cinis erit acris
40   sicut acetum, et cum cadit in superficiem terre ebullit, cuius
odor est grauis et acris sicut acetum, quem musce fugiunt
propter odoris horribilitatem. Et illa siquidem que magis est
acris deterior est. Si vero melancolia quando aduritur grossioris
fuerit substantie, erit cinis eius minoris acredinis cum ponticitate
45   pauca, que cadens super terram minus ebullit et minus in
membra penetrat. Nec est minus maliciosa et venenosa; ita cito
perimit sicut prima. Hec colera nigra est nature inimica et
pessimas habet ac mortiferas qualitates. Morbos enim inducit
incurabiles, sicut cancrum, lepram, et huiusmodi. Ex admixtione
50   igitur incinerati per adustionem nimiam fleumatis, sanguinis, et
melancolie naturalis ista [quod] melancolia innaturalis et
pessima generatur. Et cum ex fleumate per decoctionem generetur sanguis et ex sanguine per intensionem generetur colera,
ex colera vero melancolia, impossibile est ex ea humorem
55   vlterius generari, sed tantummodo incineratur. Et ex illa incineratione naturalem humorem jnficiente ille humor pessimus
accidentaliter procreatur, vt dicit Constantinus libro I, capitulo
XXIIII. Istius humoris dominantis in aliquo corpore hec sunt
signa. Primo quia color cutis mutatur in nigredinem vel liuorem,
60   jn ore sentit acidum, saporem ponticum et terrestrem, secundum
humoris qualitatem patiens animo est, timidus sine causa. Vnde

11/57   Constantinus, *Pantegni* I.25 (p. 23)
/58-9   *hec sunt signa:* cf. Constantinus, *Pantegni* X.2 (pp. 309-10).

Galenus: si timor alicuius inmoretur sine causa, passio eius est
melancolia. Vnde omnes hanc passionem habentes sine causa
sunt timidi sepius atque tristes – et hoc ex melancolico humore
65   <cor> constringente. Vnde sic tristes interrogati quid timeant
vel pro quo doleant non habent quid respondeant. Alii tamen
sibi mortem imminere putant irrationabiliter, alii inimicicias
alicuius formidant, alii mortem diligunt et desiderant. Vnde
Galenus in libro *Passionum:* non est mirum enim, inquit, si
70   patiens coleram nigram tristiciam vel mortis suspitionem patia-
tur, cum exterius in corpore obscuritate nichil sit timidius.
Vnde quando aliquod obscurum, vt est fumus melancolicus,
operit cerebrum, necesse est vt patiens timeat, quia causam vnde
timeat secum portat, et ideo sompniat terribilia et tenebrosa et
75   visui pessima et in odore fetida vel in sapore acetosa. Ex quibus
omnibus melancolica passio habet nasci. Item maniace et melan-
colice dispositionis est, quando tales de tristabili gaudent et
rident, de re vero exultabili plangunt atque dolent. Item tales
pertinaciter tacent, vbi esset loquendum, et insolenter loquuntur,
80   vbi esset tacendum. Item alii putant se esse vas fictile et terreum,
timent tangi ne rumpantur atque frangantur. Item quidam
putant se pugno mundum claudere et omnia in manibus con-
tinere, et ideo manus ad cibum non extendunt; timent quod, si
manus extenderent, partes mundi defluerent et perirent. Item
85   quidam putant angelum tenere mundum et pre tedio velle
mundum dimittere cadere, et ideo manus erigunt et humeros
25r   volentes mundum corruentem sustinere, et / multum recalcitrant,
quando manus et humeros supprimere a medicis compelluntur.
Item aliquibus videtur quod caput non habeant vel, si putent se
90   habere caput, putant illud esse plumbeum vel asininum siue
aliter monstruosum. Item alii audientes gallos cantare, brachia
erigunt et se percutiunt et cantantes se esse gallos credunt, et

---

/62   See Galen, *De locis affectis* III.10 (VIII [1824], 188).
/69   Pseudo-Galen, *Passionarius* I.10 (f. 6r); see 8/19 above.
/90   *caput ... asininum:* cf. Shakespeare, *A Midsummer Night's
        Dream* IV.1.203 ff.

tandem nimis clamantes rauci in clamando vel muti fiunt.
Item alii in suspicionem pessimam irreuocabiliter incidunt,
95   propter quod amicos odiunt, vituperant, et confundunt, immo
quandoque percutiunt et occidunt. Has et multas alias mira-
biles incurrunt melancolici passiones, prout refert Galenus,
Alexander, et multi alii auctores, quas quidem longum esset
per singula enarrare. Et hoc cotidie ad oculum experimur,
100 sicut nuper accidit quemdam nobilem ad tantam desipientiam
melancolie vicio deuenisse quod modis omnibus murilegum
se putabat. Vnde alias quam sub lectis, vbi cati jnsidiantur
muribus, quiescere non volebat. Forte tali pena peccatis suis
exigentibus percussus fuit Nabugodonosor qui, prout dicitur
105 jn hystoriis, bestiam triformem, scilicet leonem, aquilam,
bouem, VII annorum spacio se putabat. Hec autem de melancolia et de aliis humoribus naturalibus et non naturalibus,
quantum ad hoc pertinet opusculum, dixisse nunc sufficiant.

11/97   See Galen, *De locis affectis* III.10 (VIII, 189 - 90).
/98   Alexander Trallianus, *De arte medica* I.17, in *Medicae artis
         principes* (Geneva 1567) cols. 162 - 4; cf. Joannes Platearius,
         Breviarium I.22 (Lyons 1525) f. 9r.
/105   *jn hystoriis:* i.e. Dan. 4:28 - 30

TEXTUAL NOTES

Sigla

A   Bibliothèque Nationale MS. latin 16098 (13th century)
B   Bibliothèque Nationale MS. latin 16099 (13th century)
B^2 corrections in *B*
C   British Library MS. Additional 24074 (13th century)
F   Frankfurt edition (Wolfgang Richter), 1601
ed.   R. J. Long

III. 2/10   Anglico *B:* Augustino *A*
    3/2   relatione B^2: relatio *AB*
    3/21   comparatur *B:* operatur *A*
    3/43   in corpore *B:* nitorem *A*
    3/57   et *supplied from* B^2
    4/14   origo *B:* etigo *A*
    4/19   sic *ed.:* sit *AB*
            est *supplied by ed.*
    4/23   neque *B:* licet *A*
    6/17   sensum B^2: secundum *AB*
    6/37   effectus *AB:* affectus *C*
    8/9   in alimento *B:* salimento *A*
    9/5   sensum B^2: secundum *AB*
    9/12   neruus *B:* contrarius *A*
    9/18-19 ramusculos *A:* musculos *B*
    11/4   quamuis B^2: quam *AB*
    12/45 restauratur *supplied from B*
    13/19-20 conuertitur *F:* conuertatur *ABC*
    14/42 membris *B:* mem...os *A*
    15/16 frigidi B^2: frigiditate *AB*
    15/43 simpliciter B^2: simplex *AB*
    15/55 rarefaciente *B:* rareficiente *A*
    17/19 in *supplied from* B^2
    17/23 minus B^2: vnus *AB*

III.17/27	velocem *C:* velociter *AB*
17/28	signum *A:* lignum *B*
17/51	piramidem *B:* piramitem *A*
	in re *B:* uite *A*
17/55-68	Axis … rem visam *supplied from margin AB*
	(except for the diagram which ed. has emended)
17/66	A^1B^1 *ed.:* BC *AB:* DC B^2
17/69	peruium *B:* paruum *A*
17/109	virtus *supplied from* B^2
17/131	nobiliorem B^2*:* nobiliorum *AB*
	et *supplied from* B^2
17/134	vncorum *C:* vnctorum *AB*
18/42	incolarum *B:* incolonum *A*
18/47	siue *supplied from B*
18/48	opilatus *A:* opilatur *B*
19/10-11	subintrantem B^2*:* subintrantes *AB*
19/17	aer B^2*:* aere *AB*
	resolutam *B:* resoluto *A*
19/28	amicabilem *B:* suptilem (?) *A*
19/49	nasum *B:* malum *A*
19/66	operationis *B:* operibus *A*
20/7	substantie *supplied from B*
20/20	lateralibus *B:* litteralibus *A*
20/21	ad *supplied from* B^2
20/34	dominatur *supplied from* B^2
20/42	fundatur *supplied from B*
21/29	Hoc *B:* hic *A*
21/76	Non sic *B:* nam sicut *A*
21/94	interiori *B:* interiorum *A*
22/21	vbi *C:* nisi *AB*
22/37	digeritur *B:* derigitur *A*
22/46	factas *B:* factis *A*
23/3	dilatationem B^2*:* dilationem *AB*
23/5	vi *C:* in *AB*
23/18	quibusdam B^2*:* quibus *AB*
23/37	dilatationi *C:* dilationi *AB*
23/58	ita *B:* ista *A*

III.23/72	dilatatione B^2: dilatione AB
23/84	a peritissimis B: apertissimis A
24/16	pulsum *supplied from B*
24/17	velocitatem B: volocitatem A
24/26	immutationem B: imitationem A
24/39	vt *supplied from* B^2
24/56	nimis B^2: minus AB
IV. 1/5	operationibus B: operationis A
1/11	elementata B^2: elementa AB
1/18	per *supplied from* B^2
1/29	fortior fuerat B^2: fortiores fuerunt A: fortior fuerunt B
1/30	actioni B: actio A
	minus B: nimis A
1/32	solaris B: corporalis A
1/40	in aquosa *supplied from B*
1/43	eam B: equi A
1/44	calore B: liquore A
1/59	depuratum B: dupuratum A
1/64	fumositatem B: sumositatem A
1/70	et (*before* rem) B^2: in AB
1/105	attractiua B: actiua A
1/121	Est B^2: et AB
1/124	educuntur B: dicuntur A
2/18	exprimitur B: comprimitur A
2/20	et *deleted in B*
2/31	sit C: fit AB
2/42	exalent B^2: exalant AB
2/78	Naturam A: materiam B
2/86	Sclauos B: Selanos A
3/11	diffundat B: diffundit A
3/32	quod B^2: quia AB
3/33	siccissimis B: siccissimas A
3/44	vel *supplied from B*
3/48	in B: etiam A

IV. 3/54   attenuatiua *B:* acce. (? *for* accensiua) *A*
3/64   separatio *B:* reparatio *A*
3/76   in *B:* et *A*
3/77   inspissantur B^2: vis pulsantur *AB*
3/86   humidas B^2: humiditas *AB*
3/94   quare B^2: quia *AB*
3/112 excecat *AB:* extenuat B^2
4/14   in *B:* et *A*
4/29   repararentur *C:* reparentur *AB*
4/40   vel *deleted in B*
4/46   adiuuaret *ed.:* adiuuante *A:* adiuuate *B:* ad innate *C*
4/65   repercutiente *B:* repercitiente *A*
4/68   compinguntur B^2: compunguntur *AB*
4/69   mundificatiua B^2: munditiua *AB*
4/118 anime B^2: animi *AB*
4/120 sic habundans *C:* fit humidans *A:* sit humidans *B*
4/127 inducit B^2: includit *AB*
4/136 nociua B^2: motiua *AB*
4/139 epilempsia B^2: epiplexia *AB*
4/144 fuerint B^2: fuerunt *AB*
4/164 retento B^2: retentio *A:* retentam *B*
4/169 ascenderit B^2: ascenderet *AB*
5/3   intentior *A:* intensior *B*
5/5   attenuat *F:* accendat *AB:* accendit *C*
5/32   portis *AB:* poris B^2
5/32-3 intrinsecus B^2: extrinsecus *AB*
6/13   equalitatem *F:* qualitatem *ABC*
6/19   continuam *B:* continue *A*
6/56   Quarta B^2: quanta *AB*
7/15   quem efficit *B:* quasi efficitur *A*
7/64   Item *B:* idem *A*
7/87   est *B:* et *A*
7/99   ideo B^2: ratio *AB*
7/109 in *supplied from* B^2
7/128 iuuentus perfectiuus B^2: inuentus perfectius *AB*
7/137 dissolutiuus *B:* dissolitiuus *A*

IV. 8/11   monstruosas B^2: menstruosas AB
   8/13   superhabundantiam *supplied from* B
   8/32-3   sentina B^2: sensitiua AB
   8/41   quoniam *supplied from* B^2
   8/71   Rursus *ed.*: ruffus ABF: rufus C
   8/76   narium B: nisi auium A
                   emoroidarum B^2: remordarum AB
  10/8   cistim B^2: cistum AB: cistam C
  10/13   secundum *supplied from* B
  10/16   cistim B^2: cistum AB: cistam C
  10/22   via B^2: vna AB
  10/24   commixto B^2: commixtio A: commis***to B
  10/78   virtutem *supplied by ed.*
  11/11   juuamenti B^2: iuuati AB
  11/22   non *supplied from* B^2
  11/51   ista B^2: ita quod AB
  11/62   inmoretur B: minoretur A
  11/65   cor *supplied from* B
  11/71   timidius B^2: timidus AB
  11/78   exultabili B: exuisibili A
  11/91   brachia B: lirarchia A

References are by book, chapter, and line. Words which, by interpreting the spelling, can be found in dictionaries of Classical Latin are not listed in the Glossary.

acetosum (-sus) sour **IV.9/37**
adiuuatiua (-uus) helpful **IV.3/82, 4/111**, etc.
affectatiua (-uus) emotionally drawn to **III.6/30, 13/57**
aggrauatiua (-uus) increasing weight **IV.1/75-6**
aliqualiter in some way or any way **III.21/39**
alleuiatio lightening **IV.2/34**
alleuiatiua (-uus) tending to lighten **IV.1/66**
alteratiuus producing change **IV.7/128**
amicabilitatem (-itas) benignity **IV.8/5**
antrosis (-sus) cavernous **IV.2/39**
aperitiua (-uus) concerned with opening **IV.1/109**
appetitiua (-uus) desirous **III.8/5, 13/57**, etc.
apprehensiua (-uus) able to apprehend **III.6/29, /30**, etc.
aptificaret (-are) to adapt **IV.11/12**
aquositatis (-itas) wateriness **IV.6/56**
aspalti (-tus) asphalt **IV.8/28**
asperatiua (-uus) concerned with roughening **IV.3/67**
assimilatiua (-uus) promoting assimilation (of food) **III.8/13**
attenciis (attencia) extension **III.20/5**
attenuatiua (-uus) tending to thin **IV.3/54, 10/55**
attractiua (-uus) attractive **III.19/16; IV.1/105**, etc.
auditiua (-uus) concerned with hearing **III.18/59**
augmentatiua (-uus) causing increase **III.7/7, 8/3**, etc.

balneantes (-neare) those bathing **III.24/71**
bifurcatis (-tus) forked **III.22/33**

cancrosis (-sus) cancerous **III.19/43**
caprizante (-zare) goat-like (denoting a pulse-beat) **III.23/88**
causabilis able to be caused **III.3/56**

cimbalaria navelwort **IV**.3/34
cineritatis (-itas) reduction to ashes **IV**.11/32
circularitate (-itas) roundness **III**.18/12
cistim (cystis) fellis gall bladder **IV**.10/8, /16
citrina (-nus) yellow **IV**.10/25, /66
citrinitate (-itas) yellowness **IV**.10/36, /56
cognitiua (-uus) cognitive **III**.6/29, 13/52
coloratiua (-uus) producing color **IV**.2/54-5, 7/130
communicatiua (-uus) communicative **IV**.1/101
condensatiua (-uus) causing condensation **IV**.1/109, 2/11
confortationem (-tio) strengthening **IV**.1/75
confortatiuus strengthening **IV**.10/49-50
conseruatiua (-uus) preservative **III**.11/13; **IV**.2/34-5, etc.
consistentia soundness **III**.15/22; **IV**.6/15
consumptiua (-uus) destructive **IV**.1/35, /55, etc.
contentiua (-uus) containing **III**.13/40; **IV**.7/127
crassula stonecrop, sedum **IV**.3/34

depauperatam (-rare) to impoverish **IV**.2/53, 3/91
deperditione (-tio) loss **III**.4/21-2
depuratiua (-uus) refining **IV**.1/54
depuratum (-rare) to purify **IV**.1/59, /69, etc.
diffusiua (-uus) apt to spread **III**.12/31; **IV**.4/79
diiudicatiua (-uus) discriminatory **III**.13/47
dilatatiuam (-uus) expansive **III**.15/10
discoloratam (-rare) to turn pale **IV**.2/53, 3/114
discoloratiua (-uus) discoloring **IV**.1/87, 2/50
discontinuatione (-tio) breach of succession **III**.21/67
dissinteriam (dysenteria) dysentery **IV**.4/171
dissolutiua (-uus) solvent **IV**.2/16, 7/137
distensiuus tending to spread **IV**.10/51
dyaphanitatum (-itas) transparency **III**.17/38, /70

eductiua (-uus) tending to draw out **IV**.1/122
electiua (-uus) having the power to choose **III**.13/47
elementaris elemental **IV**.1/1, /26, etc.
elementata (-tus) composed of elements **IV**.1/11

eleuatiua (-uus) physically uplifting **IV**.1/138
emigraneam (hemigrania) migraine **IV**.5/11
emitritheis (hemitritheus) semi-tertian (a kind of fever) **IV**.8/8
emoroidarum (hemorrhoides) hemorrhoids **IV**.8/76
emunctoria (-ium) network of pores **IV**.2/19
esse being, existence **III**.8/17, /21, etc.
estimatiua (-uus) concerned with judgment **III**.10/6, 11/7, etc.
ethicam (-ca) hectic fever **IV**.3/110
excitatiuus arousing **IV**.7/129, 10/53
expediosius (-iose) more readily **IV**.9/31
expulsiua (-uus) expulsive **III**.8/10, 14/55, etc.
exultabili (-bilis) joyful **IV**.11/78

fluxibilis fleeting **IV**.4/53
fluxibilitatem (-itas) fluidity **IV**.4/56-7, 6/23
fontalis relating to a source **III**.17/109
fumositas vapor **III**.19/17; **IV**.1/64, etc.

generatiua (-uus) productive **III**.7/7, 8/1, etc.
grauatiua (-uus) making heavy **IV**.2/32
gustatiua (-uus) pertaining to taste **IV**.4/116

hanelosis (anhelosus) asthmatic **III**.15/50
horribilitatem (-itas) repugnance **IV**.11/42
humorositas moisture **III**.20/9; **IV**.10/38

ignitiuus incendiary **IV**.7/137
immutatiua (-uus) transformatory **III**.14/17, /18, etc.
incineratione (-tio) burning to ashes **IV**.11/55-6
incorporatiua (-uus) tending to incorporate **IV**.3/53
inductiua (-uus) inducing, leading to **IV**.3/25, 7/132
induratiua (-uus) causing hardness **IV**.1/46, /109-10, etc.
informatiua (-uus) imparting form **III**.8/13, 14/18, etc.
ingrossabat (-are) to thicken **IV**.2/27-8
ingrossatiua (-uus) thickening **IV**.2/20
inspissare to thicken **IV**.3/7, /77
interminabilitatis (-itas) endlessness **IV**.3/21

inuariabilis unalloyed III.4/27

lenificat (-are) to soften III.14/32
lenificatiua (-uus) soothing IV.4/101
letificatiuus joy-producing IV.7/129
liquefactiua (-uus) liquefying IV.1/108-9
logistica (-cus) concerned with reason III.10/5, 22/43
lubrificando (-are) to wear smooth IV.4/71

maioritatem (-itas) quality of being greater III.4/28-9
maniacis (-cus) maniac III.22/62
manifestatiua (-uus) revelatory IV.2/93
martellino (-nus) hammer-like (denoting a pulse-beat) III.23/88
maturatiua (-uus) promoting ripeness IV.1/118
memoratiua (-uus) concerned with memory III.10/7, 11/12-13,
    etc.
minoritatem (-itas) quality of being less III.4/29
minutis (-tus) one who has been bled IV.5/37
miringas (-ga) membrane of the brain IV.5/10
mollificatio mollification IV.3/65
mollitiua (-uus) softening IV.4/60
mordificando (-care) to mortify IV.4/171
mortificare to kill IV.3/8
mortificatiua (-uus) destructive IV.1/92, 2/57-8, etc.
motiua (-uus) setting in motion III.6/30, /31, etc.
multiplicatiua (-uus) apt to multiply IV.1/100
mundificationem (-tio) purification IV.10/18, 11/16
mundificatiuus purifying IV.10/50
murelegis (-gus) cat (lit. mouse-catcher) III.17/19; IV.11/101
mutatiuus causing change IV.10/57

nucha medulla oblongata (med.) III.12/13, 22/48
nutritiua (-uus) nutritive III.7/7, 8/2, etc.

obticus optic III.9/12, 17/105
opilatiua (-uus) obstructive IV.1/110
ostensiua (-uus) demonstrative IV.1/142

passitiua (pascitiuus) alimentary III.8/20, 14/40, etc.
penetratiua (-uus) penetrating IV.1/99
perceptiua (-uus) perceptive III.3/2, 18/2, etc.
perfectiua (-uus) making perfect III.12/24, 13/45, etc.
perforabilis vulnerable III.8/13
permansiua (-uus) abiding III.13/42
ponticitatem (-itas) brininess IV.11/8, /36, etc.
ponticum (-cus) briny IV.8/81
porositate (-itas) porosity III.19/14; IV.2/68
progressibilis progressional III.12/18
progressiuo (-uus) moving forward III.12/19
ptisinaria digested food IV.6/30
pulsatilem (-lis) pulsating III.23/27
pulsabiles (-lis) pulsatory III.22/10

ramificatur (-ari) to branch out III.9/13, /15
rarefactiua (-uus) rarefying IV.1/108
rarificari (-are) to rarefy IV.4/9, 7/23
receptiuus receptive III.3/5, 13/55, etc.
regitiuus governmental III.22/20; IV.4/111, etc.
remollitiua (-uus) making soft IV.1/43, /108, etc.
renouatiua (-uus) renewing IV.1/103
repercussiua (-uus) reflective IV.3/22
representatiua (-uus) representing III.13/38
residencie (-cia) sediment IV.11/31
restauratiua (-uus) restorative IV.4/5, /27
retentiua (-uus) retentive III.8/7, 14/52, etc.

saliuali (-lis) salivary IV.4/116, 10/72
saluatiua (-uus) salutary IV.1/33, /110
sclauos (-uus) Slav IV.2/86
sclirosim (-sis) sclerosis IV.4/65
sensificatiua (-uus) sensifacient, causative of sensation III.12/27
sensitiua (-uus) sentient III.11/1, 16/3, etc.
sepum (sebum) suet IV.7/66, /67
serrino (-nus) tranquil III.23/88
sincopizant (-are) to faint III.15/34

sistolem (systole) contraction III.23/3
subinducere to bring on IV.3/101
subministrant (-are) to serve III.14/17, /46
subtiliat (-iare) to rarefy, refine IV.1/52, /54, etc.
subtiliatio rarefaction IV.5/46
subtiliatiua (-uus) rarefying IV.1/48-9, 2/25, etc.
suggunt (-ere) to suck IV.7/77
superexcrescentis (-ens) redundant III.19/40
superfluitate (-itas) excess IV.5/34-5
susceptiua (-uus) admitting of III.4/20, 17/7, etc.

tarditiua (-uus) delaying IV.3/75
temperatiuus moderate IV.7/133-4
terminatiua (-uus) limiting IV.3/20
timidius (-dus) terrifying IV.11/71
timorosis (-sus) timorous III.15/33
traduce (-dux) heredity III.3/39
transformatiua (-uus) transformative IV.1/102
tributiua (-uus) contributive III.3/52
tuberositates (-itas) swelling IV.2/69, /73, etc.
tuniculas (-la) membrane of the brain IV.5/11

vermicularia stonecrop IV.3/34-5
vertibilis mutable III.3/56
vetularis of an old woman IV.8/51
viscositatem (-itas) stickiness IV.11/28
visiua (-uus) visual III.17/106, /116, etc.
viuificatiua (-uus) life-giving IV.1/94, /103, etc.
vnctuositas greasiness IV.7/66
vnibilis capable of being united III.3/25, 6/17
voluntatiua (-uus) volitional III.3/55

ymaginatiua (-uus) imaginative III.11/3, 16/7, etc.
ysosperimicarum (isoperimeter) of equal perimeter III.7/14-15